大手広告代理店マンが
こっそり教える、

驚異の満室マーケティング

馬橋 令 著

セルバ出版

はじめに

大家はすべてが金持ちではないが、お金持ちは意外と大家が多い

数ある書籍の中から、本書を手に取っていただきまして、誠にありがとうございます。

長らく広告業界に身を置くマーケティングのプロである私が、ひょんなことから大家をはじめ、順風満帆とは言いませんが、何とか12年間、大家としてやってきました。その中で培ったノウハウを読者の皆さんにお伝えできればと考えて筆を執った次第です。

当たり前の話ですが、すべての大家さんがお金持ちではありません。お金持ちどころか、かなり困窮してしまっている大家さんもたくさんおられます。

銀行評価の高い地方の大規模なＲＣマンションをたくさん購入するために、借金のレバレッジをかけ過ぎて、予想以上の空室損や大規模修繕などで赤字が発生して苦しんでいる人もいます。

たとえ高属性の一流企業のサラリーマンや公務員、地主、医師など世間一般にいうお金持ちであっても、不動産賃貸業が何たるかを本質的な勉強をしないままプロの業者さんに丸投げしていると、そのプロに騙されて失敗するケースもありえます。新築シェアハウスかぼちゃの馬車の破綻など枚挙に暇がありません。

しかし年収が平均的、もしくは平均以下で不動産投資を始めた当初は裕福ではない人でも、その後のご自分の努力次第で大きな成功を収めることができるのは事実です。現にそういう方はたくさ

んおられます。

不動産賃貸業……それは努力した量を裏切らない「フェア」なビジネスなのです。狩猟というよりは農耕のイメージに近いのかもしれません。

別の話として、不動産賃貸業は数値化しやすいのも特徴です。例えば所有物件の所在地・規模・利回り・家賃収入・投下自己資金の額・家賃収入に対する返済比率・融資額・空室率・ユーザーターゲットなどの情報をざっとでも聞けば、その人の大家業としての実態は概ね把握できます。

「この人は資産規模（＆借金規模）が大きいけれど返済も多いし、たぶん手残りのキャッシュは少ないだろうな」「戸数は多くはないけれど、利回りのよい物件を手にして空室率も低く、たぶんキャッシュを多く手にしているな」「大家の勉強会まで来ている人なのに、大事な数値（ＫＰＩ）をあんまり把握してないから聞かれてもぱっと出てこないな」などと、比較的高い精度でその人の不動産賃貸業の事業性のよし悪しや大家としてのパワーがわかるのです。

つまり、大家は「みんな金持ち」ではないのです。「金持ちの人もいれば、そうでない人もいる」ということです。

逆に、一般的にお金持ちと呼ばれる人たちには、意外と「大家さん」が多いという現実があります。

例えば、タレントで映画監督でもある北野武さんの前妻が、大量の賃貸物件を保有しているニュースを見たことがあります。

家賃収入がある安心感

女優の樹木希林さんも生前は芸能界では名うての大家さんとして有名でした。それも麻布や代官山など超一等地ばかり。NHKの『サラメシ』という番組で紹介されていましたが、ご自分の西麻布の超素敵な自宅を人気のフレンチレストランに貸し出し、プライベートでもそのフレンチをご贔屓になさったりしていたそうです。なんとも素敵なエピソードですよね。

樹木さんの影響もあってか、義理の息子さんで俳優の本木雅弘さんも大家さんです。その本木さんの物件に、お笑いコンビとして活躍した元オセロの中島知子さんが入居していましたが、月100万円の家賃で賃貸していたと報じられました。代官山の高級マンションです。

芸能界随一の大家さんである樹木希林さんは、家賃収入がある安心感から、お仕事をご自分の美意識で選ばれて、決してギャラは高くないけれど意義深い仕事を選んで取り組まれたとも伺いました。

また、旦那様であるロック歌手の内田裕也さんも、生前は樹木さんの所有物件に使用貸借（家賃無料）の形でお住まいだったそうです。

樹木さんは亡くなる寸前まで、病院のベッドで不動産のチラシを眺め見ていたそうです。マネージャーやご家族が見舞いに来るときは、「折込チラシを持ってきて」とお願いするほど。土地勘のある自宅の周辺で掘り出し物の物件を探していたのでしょう。

私も物件チラシを見るのは好きですが、樹木さんは日本を代表する大女優として、とても忙しくお仕事をなさっているときでも、常にアンテナを高くして物件情報に接しておられたことを知り、頭の下がる思いです。本当に不動産がお好きだったのでしょうね。

また、中目黒駅前にアトラスタワーという高層マンションがありますが、その最上階の物件を木村拓哉さん（中目黒在住）が所有しているそうです。

意外にも多い著名な〝大家さん〟たち

海外を見渡せば、映画『ターミネーター』でおなじみ、元カリフォルニア州知事のアーノルド・シュワルツェネッガーさんや、世界的な野球選手のイチローさんも不動産賃貸業をしていると聞いたことがあります。

法人では、日本でいちばんお金持ちの会社の1つである日本生命も、超巨大大家さんです。読者の皆さまも全国のあらゆる一等地で「日本生命ビル」の看板を目にされることでしょう。もちろん、第一生命も明治生命も同じように超巨大大家さんです。

日本生命の元幹部でライフネット生命の創業者のお一人である出口治明（立命館アジア太平洋大学学長）の著作によると、「かつての右肩上がり経済下では不動産はインフレヘッジ機能を果たしていたので原則長期保有（buy & hold）だったが、現在は稼働率が低いものは売却・流動化している。日本生命は近年でも全国で2千数百棟保有する日本有数のビルオーナー」とあります。

簿価にして16兆円もの不動産を保有し、オフィス・商業施設・ホテル・物流拠点などを持っているそうです。自社利用のほか多くは賃貸として貸し、家賃収入を得ています。このように個人・法人問わず、大家さんは多いのです。

不動産投資に興味を持つきっかけは人によって様々です。いずれにしても縁があって、不動産投資をはじめて大家さんになった人、もしくは、これから大家さんを目指す人も、しっかりと成功して幸せをつかみ取りたいものです。

私自身、大家としては十数年程度のまだまだ駆け出しですが、元広告マン、マーケターという、一見畑違いの観点から「大家業」を見つめ、楽しみながらも努力の日々を送っています。そんな私の活動や考え方、ノウハウが本書の読者の皆さんに少しでもお役に立てば幸甚に存じます。

2021年11月

馬橋　令

大手広告代理店マンがこっそり教える、驚異の満室マーケティング　目次

第3章 ターゲティング、ネーミング、キービジュアル、パブリシティ。そして、「満室の先にある重要なこと」

第4章 満室の安定的維持のプロセス～審査・契約・運用

第５章　大家に必要な自主管理マインドとリスク分析

終章　満室の先を目指す

第1章　誰もが陥りがちな失敗

1　世の中には「悪い不動産屋」と「〇〇〇〇な不動産屋」しかいない

「悪い不動産屋」の〝悪い〟とは

そもそも世の中には2種類の不動産屋しかありません。1つは「悪い不動産屋」。では、もう1つはなんでしょうか？　それは、「すごく悪い不動産屋」なんだそうです。不動産投資の大先輩から伺った言葉です。

ただこれは、不動産屋さんの人間性をうんぬん言っているものではありません。不動産〝仲介業〟のビジネスの本質を端的に示している言葉なのだ、と受け止めています。

不動産仲介業は、取引が成立したときだけ仲介手数料が入ります。ですから取引を成立させることが第一義なので、買主と売主、借り主と貸し主双方の期待値を下げさせて、合意に持っていくのが仕事なのです。そうでなければ不動産仲介業にお金は一銭も入りません。

大先輩は言います。

「あなたは投資用不動産の買主です。不動産仲介業者は当然、あなたに対面するときも、自分が生き残るために〝自分のビジネス〟を最優先します」

「これは人気物件だから、あなたが買わなくても、すぐに売れちゃうよ」

「現金客が大勢いるんだから、借入れ前提のあなたが指値をするなんてとんでもない！」

「価格や条件に文句をつけていたら、誰も仲介してくれないよ」

あなたの反応を見ながら、時にはマウントを取りながら、「よい不動産を少しでも安く買いたい」という〝あなたの期待値〟を下げさせます。

仲介業は本質的に「お客様と利害が100％一致する」ことはない

ひたすら物件情報を提供しても、一向に購入の意思決定をしない人は、彼らにとっては〝客〟ではないわけです。可能性があれば、全力で売買契約書にハンコをつかせる方向に持っていこうとするでしょう。

仲介している取引が成立して、ようやく彼らは収入を得られます。生きるためにはそのように動くのが自然です。仕方のないことですが真実です。未来永劫、100％あなたの利害と一致しないのです。

大先輩は、「悪い」という強い表現を使って、経験不足の私に警告してくださったようです。もちろん、全員が全員、そのような言動をするわけではありませんが、自分の目の前にいる仲介業者さんの本質的な動機については理解するに越したことはありません。

今、あなたのすぐ目の前で、にこやかな笑顔で相談に乗ってくれている不動産仲介業者さんや、その上司も同じように考えている可能性があります。

ＴＶＣＭを継続的に行う超大手不動産会社でも、投資用不動産をたくさん販売している有名な仲介業者さんも、ごくごく小さい個人経営の不動産屋さんでも、商売の形は変わりません。

「（例えば）北海道の不動産投資といえば、これからは○○です」

「コロナ後の単独世帯向け物件はこうなります」

にこやかな不動産仲介業者さんも悪気はない場合も多いですが、このように大きな対象を断定的に話す方の話を鵜呑みにするのは危険です。

不動産は極めて個別性が高くて、立地も1ブロック違うだけで状況が異なることもあります。単独世帯に至っては実に1800万世帯もあり、一概に〝こう〟という表現は大雑把すぎると言えるでしょう。「実際に物件を見てみないとわかりませんが、総論的には○○と思います」くらいの言い方が適切なはずです。

いくら相手がプロの不動産屋さんでも「個人的な予想なり感想を言っているだけだな」くらいで丁度よいと思います。

まさに「ポジショントーク」の見本市のような業界

「すごく悪い」ことについては、あえて解説はいらないでしょう。これまでにも幾千ともいえる悪徳業者がいましたし、これからも発生し続けます。

不動産ビジネスは、「仲介業者に比べ、買う側・売る側に相対的に取引に関する知見や情報が少ない」という情報の非対称性が存在するビジネスなので、常にそれを悪用する「すごく悪い不動産屋」が存在し続けています。

ポジショントーク（自分の立場を利用して、自分に有利な状況になるように行う発言）も多い業界です。

特定の物件タイプ、特定のエリアを薦めてくるような場合は、その発言者がそこにかなりコミットしているからで、話を聞いている買い手の立場に立ったものではないことを疑うくらいでちょうどよいと思います。

「読み始めたら面白くて、全巻一気に読んでしまった！」など、大家さんや不動産業界関係者の間で話題になっているのが小学館のビッグコミックで連載中の『正直不動産』（著者：大谷アキラ原案：夏原武 脚本：水野光博）です。

「正直な不動産屋が居ないから漫画になる」という皮肉

この漫画の主人公も「悪い」と「すごく悪い」の間くらいのやり手不動産屋さんです。ちょっとネタバレになりますが、物語の冒頭である〝たたり神〟に、仕事に関して正直にしか話せなくなる呪いをかけられたことによって、「正直な不動産屋」というこの世でまれに見る存在（笑）として奮闘していくお話です。

とても面白いので、この漫画に興味があったらぜひ読んでいただきたいのですが、不動産取引や不動産ビジネスは、素人の売主や買主と、プロの不動産業者との間では、情報の非対称性が顕著なため、仮に仲介業者や取引に関わる人たちに悪意があれば、何でもやれてしまうことを、いろいろなエピソードを通じて教えてくれます。

なによりこの漫画がリアルなのは、「主人公が正直な言動をしたばかりに、仲介案件を決められる確率が格段に下がり、フィーも入らず、あまり稼げなくなってしまう」という点です。不動産屋さんの商売の本質と、不動産の売買や、賃貸のお客様との利害は、高い確率で一致しないことを見事に示している佳作漫画だと感心しています。

また、かぼちゃの馬車事案で被害者然とした人たちのような、「ほったらかしで日々の手間いらず」「ヨソ様が自分の賃貸ビジネスをすべてあんじょうよろしゅうやってくれて、中身はわからないけれど自分がリターンを得るのは当たり前」という大きな借金を負うリスクを取った事業に対して、甘すぎるスタンスを持つ人が一定数いることは事実です。

そういう人の心の弱さや怠惰さを、プロは自分が生き抜くために、抜け目なく突いてきます。不動産業者の養分になってしまう大家がいかに多いことか、そう思うと暗澹たる気持ちになります。

魑魅魍魎の世界で生き抜くための武器

では、そんなにプロ中のプロが蠢く魑魅魍魎の世界で生き抜き、ちゃんと儲けるためにはどうしたらよいのでしょうか。

それは自分が〝不動産賃貸ビジネスの社長であり、最終責任者〟である覚悟を持ち、きちんとコミットメントし、事象を正しく把握し、コントロールしていくことしかありません。

例えば私のケースだと、まずひたすら本を読みました。

２００８年にアーリーリタイアして海外に移住した先で最初に手に取ったのは、ロバート・キヨサキ氏の『金持ち父さん 貧乏父さん』です。この本から不動産投資を始めた、という大家さんはとても多いです。

そして、このキヨサキ氏の不動産の先生とされるドルフ・デ・ルース博士の『世界の不動産投資王が明かす お金持ちになれる「超」不動産投資のすすめ―自己資金ゼロから始める究極の資産形成術』（東洋経済新報社）へと読み進めました。

この2冊を読んで、不動産投資に興味が湧いてきました。日本に戻ってから「出版されている不動産関連書籍はすべて読むぞ！」と片っ端から読みあさりました。

恐らく１００冊以上は読んだでしょうか。私の書斎には天井までびっしりと不動産投資、簡単な建築・設備関連の書籍で埋め尽くされています。たまに懐かしくなると手に取って読み返します。

大物大家さんを〝感じよく〟ナンパせよ！

日本に帰国してから大家向け、不動産投資セミナーにも頻繁に足を運びました。できるだけ最前列に座り、すべてノートＰＣでメモを取り、講師の方にも最初に名刺交換と一言だけでも質問をしました。

業者の方や、「これは！」と思う質問をした他のお客様にまで、片っ端から名刺交換。特に業者の方からは猛烈な売り込みを受けることになりましたが、これもいろいろ勉強と経験になりました。セミナー会場、大家の会でのご挨拶がご縁となり、今もご指導をいただいている大物大家さんが何人もおられます。

また、「不動産業者さん、先輩大家さんが何を言っているのかを理解したい」と決意して、宅地建物取引士の資格も取得しました。難しい問題が多い民法には苦労しましたが、その後、自分で契約書をつくる際にとても役立っています。

客付仲介の現場の「不都合な真実」……

興味深いことですが、客付仲介の現場では、仲介業者の担当者のみならず、店舗の幹部クラスでも実は宅地建物取引士の資格を取っていない人もかなりいます。

現在のルール上では、宅地建物取引士の資格がなくても、価値提供できてコミッションを稼げる実務は十分にできます。

ただし、契約時の重要事項説明は宅地建物取引士しかできませんし、「業務に従事する者」の数の5分の1以上専任者を設置しないといけません。

客付仲介さんは毎日とても忙しくて勉強時間がとれず、合格率15％といわれる難度の高い試験に合格できないことが多いのです。

ある付き合いの深い客付業者さんの言葉を借りれば、「この仕事は日本語が話せて歩ければ誰にでもできる」というくらいに間口が広いとのこと。結果的に、数のうちにはかなりクオリティの低い人も存在します。

次に、最近見かけた方々を端的にご紹介しましょう。残念ながらすべて実話です。

・ひとたび熱意をもってコンタクトしてくるのに、数週間しかその会社に在籍せず、どこかへ消えていく人。

・自分が書いた（嘘の）賃貸借申込書をＦＡＸで送ってきて、部屋ドメ（ご入居者様募集行為をやめさせること）をしようとする人。ご入居者様が他の物件を決めたらナシのつぶてになるケースが多い。

・ご入居者様が「風」か「水」（風俗や水商売従事者を指す隠語）で、なかなか部屋を借りられないからか、アリバイ会社（※）を使って、意図的に嘘の勤務先と嘘の源泉徴収票を送ってくる人。

・申込みを取り次いで契約日まで決まり、鍵の交換工事までさせておきながら、突然に申込みを撤回して「鍵の交換工事!?　そんなもの頼んでないわボケ！」と逆ギレする人。

このように枚挙にいとまがないくらい様々な人がいます。

※アリバイ会社――在籍確認アリバイや源泉徴収票の偽造サービスを提供して、フィーを受けとる詐欺的サービスを提供する会社。「地下に潜った怪しい人たち」ではなく、意外とアッケラカンと普通にＦＡＸやＤＭを不動産仲介会社に送ってくる。

2　誰かの〝養分〟になっていませんか？

「典型的なカモ」はあなたかもしれません！

かぼちゃの馬車の購入者の中には新築ワンルーム（通常は、購入した瞬間に債務超過になり、投資どころではありません）をいくつも買っている人がいました。

もしかすると、新築ワンルームを買うような不動産事業のリテラシーが低い、おいしい養分候補としてリスト化され、かぼちゃの馬車運営会社、販売代理店に出回っていたのかもしれません。恐ろしい話です。

新築ワンルームやかぼちゃの馬車を買ってしまう人は、一定以上の収入があって借入れができる人ですが、必要な情報収集や勉強をしない、性格的に強くすすめられると断れない、物事の本質を深く考えない、下す判断の重さがわからないのかもしれません。

正にそういう人たちは、業者のカモ、養分として「すごく悪い不動産屋」から狙われますよね。

たとえ年収が高くて頭のよい人でも、不動産関連の投資について十分な情報収集をした上で真剣に考え、適切な意思決定をしなければ騙されかねません。

投資は自己責任なので、「騙された！」と気づいても自分で解決するしかありません。

お医者さんが「富裕層メディア」から何と言われているか？

誰でも知っているとある有名出版社が、自社の富裕層向けメディアの読者分析をしている資料にて「お医者さんは資産と収入はあるが、相対的にお金に対する知識が低い」と明記し、医者向けの金融商品の広告主にアピールしている、というお医者さん本人は決して笑えないデータを載せていました。

お医者さん向けのマーケティングにおいては、「資産についての問題意識が高くない」「金融知識も低い傾向にある」「警戒心が強く集客のハードルは高い」ので「商業出版にも見える自費出版（プロのライターの代筆サービスつき）」と「全国の書店向け営業（平積みを依頼）」を、高額な費用（たしか１０００万円しました）をかけて行うことに大きな意味があると主張していました。

お客様からいったん信用を勝ち得れば、紹介等で楽に商売を拡大できるとのことでした。

こうやってあらゆるプレイヤーが、富裕層、お金を借りられる人たちで勉強不足な人たちのお財布を狙っているのです。

誰も騙されることは望んでいないでしょう。特に富裕層や高収入の士業、大企業の中堅以上のサラリーマンの方々はターゲットにされていることを自覚し、本当に警戒しないといけません。

不動産投資（実は大家業）をやるにしてもやらないにしても、必要最低限の勉強はしておかなければ危ないと思います。

恥ずかしい告白「私もかつて養分」だった人!?

こんな風に偉そうに書いていますが、じつは私自身も「モロに養分候補」でした。恥ずかしい失敗談がいっぱいあります。

本書を読んでくださっている皆さんには、どうか私と同じ間違いをしないようお気をつけていただきたいという意図で、恥をさらすようですがここでご紹介いたします。

私は100冊にも及ぶ数の本を読んでいく中で、とあるコンサルタント（以下、コンサルと略称）の方の書籍を何冊か読んで、その不動産投資・大家業スキームをすっかり気に入り、年会費を払って入会しました。特に設計士・工務店・土地売買仲介の不動産屋、賃貸仲介の不動産屋までチーム化していて「フルスタック」できちんとサービス提供してくださる点も安心感がありました。

その後、指導されるがまま土地を探して銀行に数億円の借金をして購入し、建設会社と建築請負契約を締結しました。

その直後、突然、このコンサルから一方的に出入り禁止を言い渡されてしまったのです。まさか会費を払っている勉強会の会員が一方的に出入り禁止になるとは思いませんでしたので、慌てました。当時は本当に大変心細い体験をしました。

このようにコンサルへの完全な依存は大きなリスクです。当時はそういうリスクを実感せずに頼って信頼してしまいました。

その結果、家賃収入もないまま、毎月100万円を超える元利金の返済が始まったのです。自分の預金通帳から毎月100万円が減っていくのは恐怖そのもの。

仮に1年もこんな状態が続くと、1200万円のキャッシュがどんどん消えていくわけで、正に気分は「死へのカウントダウン」でした。

あなたの不動産投資の先生は「本当は何で食べているのか」

世の中には悪質コンサルもいっぱいいますし、その養分になっている人もたくさんいるかも、と思うくらいでちょうどよいでしょう。

そもそも大家さんとして成功している方は、大家業だけを一生懸命にやっています。それで希望する収入が得られるわけで、もうそれで十分なのです。

それなのに、時間と手間暇をかけて人様に教える動機はなんでしょうか？

十分に家賃収入を得ている人は、時間をかけてまで勉強会を主宰したり、有償で弟子を取ったり、物件仲介をしたり、リフォーム屋さんをやったり、空室対策でコンサルフィーをもらったり、有料情報を販売したり、自分のメルマガで情報商材の広告を取ったりなどして、ちょっとしたお金を稼いだりする必要はないのです。

実際に大家業で意味のある家賃を稼いでいる有名大家さんで、そのような商売をやっている方はあまり見かけません。

「大家さん」を標榜する人でも、本当に大家さんだけの収入で成り立っている人なのか、〝家賃収入がある〟というだけで別の商売がメインなのかを見極める必要があります。

「会費を払っていたから、会員だから」と私がコンサルに全幅の信頼を寄せてしまっていたのは、いかにも軽率な判断でした。やはり人任せにしてはいけません。自戒を込め、恥を偲んでお話しました。

3 入居者おらず家賃収入がないのに、ローン返済だけが続く、地獄の日々

「新築物件＝全空物件」という恐ろしすぎる事実

新築物件に対して「キレイで客付が強くていい！」と信じている人は多いです。たしかにそのとおりですが、別の一面もあります。最も恐ろしいのは、〝新築物件は全空（すべて空室）〟という事実です。

さらに、〝地元の客付業者からの認知度はゼロで、販売してくれる方々の誰からも認識されていない物件〟でもあります。

前述したように、私は著名コンサルに依存して新築アパートのプロジェクトを進めたものの、途中で突然サポートを受けられなくなる事態となりました。

身近に不動産業を営む方もいませんし、自社物件の近くで客付してくれる仲介業者も知りません。

誰も頼ることのできない状況下、毎月１００万円の借金返済が重くのしかかります。

私は焦りに焦り、正月に風邪を引いていたにも関わらず、ターミナル駅前で独り、手づくりの自社物件のマイソクチラシ（不動産の物件資料）を道行く人たちに配ったものです。

今から考えると、そのアクションの効果は極めて低く、時間投資や行動のリターンが見込めないものでした。他に効果がある対策はたくさんあったのに……。

これでも勤め人時代は人並み以上に実績を上げていたマーケターです。元プロとしてはあり得ない行動ですが、すっかり冷静さを失っていたのです。月々の多額の借金返済に完全に心が翻弄されていました。

プロだって「正確な価格（家賃）」は決められない！

単なる異業種のサラリーマンあがりの自分には、当たり前ですが、不動産賃貸業はわからないことだらけ。事業の売上部分を決定する最も大切な〝家賃〟を決めるにしても、何を〝確たる手がかり〟に設定すればよいのかわかりません。

ましてや私の場合は中古物件を買ったわけでもないため、以前に入居がかなっている家賃データ（＝その物件の実勢家賃）もありません。全空状態なのに、家賃の目安が全くないのです。

アメリカの近代マーケティングの父であるエドモンド・ジェローム・マッカーシーと、フィリップ・コトラーが提唱したマーケティング用語に、「４Ｐ」という言葉があります。Product（製品）、

Price（価格）、Promotion（プロモーション）、Place（流通）です。

〝Price（価格）〟はマーケティングにおける最重要要素の1つであり、例えばテレビＣＭを実施するようなナショナルクライアントと言われる大手広告主が、何の調査情報もデータも、戦略も、エビデンスもないまま決めることは絶対にありません。

電力会社のように独占事業なら総括原価主義（かかった原価に得たい利益を乗せて価格を決めること）でも問題ありませんが、大家業は常に競争があり、家賃相場は常に少しずつでも動いているのです。

今年の相場と去年の相場は異なりますし、来年も違うでしょう。

すぐに自分が提供する〝製品〟の価格を決定しないといけません。何の情報もなく責任だけがある中で、とにかく価格を決めないといけないのです。

取引先の不動産業者さんからのデータも、一律の平米単価×面積で、「まあ、こんなものでしょうね」というくらいの精度でした。

部屋のサイズが30平米程度の広めのワンルームサイズから70平米を超えるファミリーサイズまで10部屋以上ありましたので、同一の平米単価では割安＆割高な賃料になってしまいます。

最後は家賃表を見ながら、仕方なく「エイヤ！」と勢いだけで決めました。

全空で借金返済も始まっていたので、とにかく空室を埋めることに優先し、市況から判断した「これくらいが適正家賃だろう」という金額から1万円ほど下げて提示しました。

毎月100万円が溶けてなくなる

募集を始めたのは12月初旬でしたが、世間一般は師走で忙しいため、あまり引っ越す人はいません。1月も正月明けから引っ越す人など少数です。募集を開始してから1か月弱でしたが、反応は薄く私は心配でたまりません。

私は自分の物件で、いつ来るかもわからない内見対応のため、朝から晩まで独りで待っていました。

「ああ、今日も電話がなかった」「やっとのことで内見に来てくれたけど、すぐに帰ってしまった」「すごくいいと盛り上がってくれたのに、その後は全くの梨の礫（つぶて）……」という日々が続きます。

相当に焦っていたので、内見後はすぐ仲介業者へ電話して、「先ほどの内見者はどんな反応でしたか？」としつこく聞きます。忙しい賃貸仲介にとっては非常に迷惑な大家であったと後に知りますが、そうでもしなければ心が休まらなかったのです。

この恐怖や不安を共有できる人はいないと思いこんでいました。的確な状況把握も、言語化能力もありません。そもそも、適切な質問をする力がない上に、誰に質問していいかさえわかりませんでした。

勉強会でたくさんの大家さんや投資検討をしている人と面識はありましたが、このエリアにおいて新築で物件を建てたあげく、毎月100万円もの大金が引落されていく恐怖の体験をしている人は、ぱっと見たところ見当たりません。

本来であれば、初心者に全く不向きの不動産プロジェクトに、私は大きな借金を背負って乗り出してしまったのです。

4　焦る毎日

ヤケクソ気味にチラシ配り

全空で誰も住んでいない状態の物件は、とても静かです。しかも防音・断熱に気を配った施工をしていただいた上に、家具も一切ないガランドウな部屋で、咳をするとその音が静かに響き渡ります。

そうした室内で、客付業者さんからの電話を待ちながら、早く次の内見が来ないかな、申込書が入らないかな、入居が決まらないかなと、常に返済に怯えながら過ごしていました。夜になってベッドに入っても、真冬なのに脂汗をかいて眠れません。

そして冒頭でお話したとおり、風邪を引いて安静にしていなければならないのに、お手製でつくったマイソクチラシをコンビニでコピーしながら、どう考えても成功確度が低い街頭でのチラシ配りを始めました。

このヤケクソの行動が「このあたりではデンとしているのが普通の大家さんなのに、何だか必死になっている人がいるぞ」と地元の賃貸仲介業者さんからは珍しがられていたようです。

その無様な大家を「不動産屋は見た！」

今このとき、呼吸をしている間にも次の返済までの時間は減っていきます。とにかく落ち着いてはいられません。思いつくことは何でもします。

時には近所の不動産会社を突然訪ねて「少しでも目立ちたいので貴社のノボリを貸してください。チラシを通行人が受け取ってくれたら、あなたの店を客付業者さんとして紹介しますから！」とお願いしたこともありました。

相手（中年の女性）はとてもびっくりした顔をしていました。たぶんこういう申し出は初めてだったのではないでしょうか。その不動産屋さんはノボリを貸してくれました。そして、その後本当に私が正月にチラシ配りをしているのかと見に来ました。

そこには、マスクをした熱でうなされながらチラシを配る私がいたのです。今のコロナ禍の状況では、ありえない行動ですね……。とにかく「えええ！　大家さんが自ら、それも誰もいない正月に、本当にチラシ配りをしているんだ！」と驚かれたようです。

一方、チラシ配りのほうは想定した通り大失敗です。マスクで赤い顔をした怪しいオジサンが配るチラシなど、ほとんど誰も受け取ってはくれませんでした。何時間かノボリを立ててチラシ配りをしていましたが、はかばかしい反応はありませんでした。

こんな感じで通行人には全くと言っていいほどアピールできませんでしたが、意外なことに地場の不動産賃貸のプロはどこかで見ていたようで、結果的にそのターミナル駅の仲介会社に対しては、「やけに不器用だけれど、ただただ熱心な大家さん」として認識されていったようです。

必死のパッチが道を開く

月末の100万円オーバーの引き落とし返済にただただ焦る毎日の中、内見客を待ちながらガランドウの部屋で空室対策関連の本やメルマガを読みまくり、少しでも可能性がありそうなものは片っ端から実践しました。本の著者やコンサルにもできる限り直接相談もしてみました。

そのターミナル駅周辺には賃貸仲介業者が100店舗くらいありましたので、自社物件のマイソクを持ってコートのエリを立てて足早に、毎日毎日巡回したものです。

世は賃貸の繁忙期で、突然の大家の訪問は迷惑になる場合も多いです。私はそんな事情もわからず、自分の都合だけでどんどん訪問するものですから、邪険にされたり無視をされたりしたこともありました。

しかし、このような必死の行動が実を結んだのです。

無謀なマイソクチラシ配りとこまめな訪問で、この繁忙期に私のことや私の物件は周辺の有力な仲介店舗では皆が知るところになっていました。これは後に私をガッチリ助けてくれる、とてつもない強みになったのです。

5　コンサル・先輩大家は、あくまで〝アドバイザー〟

蜘蛛の糸にも藁にもすがる

どうすれば知名度ゼロの新築物件の空室は埋まるのか？

悩みに悩んでいた私は、不動産業者さんや知り合った先輩大家さんに問い合わせをしたり、有名な空室コンサルにお金を払って質問したりするなど、藁にもすがる思いでいろいろな人に頼りました。

ただし、不動産は１つとして全く同じ条件のものは存在しないので、類似性はあっても完全にそのまま真似られるわけではありません。

とある空室コンサルから「その駅周辺の全不動産会社を回りなさい」とアドバイスをいただき、最寄りの賃貸仲介の不動産会社を制覇すべく足を棒にしました。

最寄り駅で１００軒程度思いつくところはすべて回りました。２駅先のターミナル駅は把握できるだけで、おそらく４００軒以上あったでしょうか。そこでもローラー作戦で挨拶と物件紹介を繰り返してきましたが、あまりに数が多くてできるかぎり回ったものの、とても完遂できませんでした。

敗北感を抱えて後日そのコンサルさんに話したところ、「それは物の例えであって、そんなに大きなターミナル駅の不動産仲介を全部回れなんて言っていません。無理ですよ」と苦笑されました。

今となっては笑い話ですが、そのくらい私には不動産ビジネスに関する常識が欠けていました。それなのに億を超える借金を抱えて、正に涙がちょちょ切れるほど必死だったのです。

まるで芥川龍之介の「蜘蛛の糸」の主人公です。億を超える借金の地獄の底から、「遠い遠い天上から垂れてくる、銀色の蜘蛛の糸」を必死に登ろうとする私。とにかく細い糸を間違いなく少しずつでも登っていく……そんな気持ちでした。

「万能なたった1つの答え」なんてない

空室コンサルから教えてもらった空室対策で、効果がなかったものもあります。物件内のアピールポイントを書き出して張りつける「ＰＯＰ（ポップ）」は、物件によっては十分な効果が得られるようですが、そのエリアの新築を好む顧客（入居希望者）にはあまり響きませんでした。

そもそもＰＯＰは、そこに〝誰かの気配〟を感じさせるものです。

これが書店なら、「書店員のオススメ」という人肌を感じられるＰＯＰがあると親近感を抱くでしょう。高額でない化粧品に販売員の手書きＰＯＰで【あの有名美容ポータルで口コミ№1です！】と添えてあれば、購入の後押しをしてくれるでしょう。

ファミリータイプ物件など、大家さんと密接で良好な関係があると安心を得られる物件や、何かあればすぐに大家さんへ電話をして駆けつけてあげられるように、濃い人間同士の付き合いをできる覚悟が大家さん側にあり、ご入居者様もそういった関係性を求めてくれるならば、ＰＯＰも含めた〝人肌を感じられる関係性〟の確立はとても重要だと思います。

現にそのような管理体制を確立して、客付業者も巻き込んだ有機的なセールスシステムを確立している大家さんもおられました。

ある北陸地方の大規模な大家さんを訪ね、管理物件で直接お話を伺う機会がありました。彼の物件の１つの近隣の美味しい地場のラーメンをいただきながら、物件の内容や相続から学んだこと、不動産業者さんとの付き合い方、現在企画中の新築企画、最近の売却事例など、話は多岐に及びます。

その２、３時間程度の間にも、彼の電話にはたくさんの入電があります。印象的だったのは、ご入居者様からの入電にも、60歳前後の彼が、まるで年上の友人のように極めてフランクに対応されていたことでした。最後に「またいつでも連絡してね！」と電話を切っておられました。

一方、若い賃貸仲介の担当者からの電話はごく短いのです。理由は常日頃から希望するご入居者属性（大手企業の単身転勤需要をメインに、ハッキリと定義している）をしっかりと明確に伝えており、あまりコミュニケーションする必要がないとのことでした。

これで、周辺の物件よりも10～20％程度高く貸せており空室率も低く、エグジットの際にも高値売却を可能にしているとのことでした。当該市場とターゲットにベストマッチする、極めて高いコミュニケーション能力が大きな成果につながっている例だと思います。

ご入居者様も、管理会社や大家さんへ何でも気兼ねなく連絡してくる人がいれば、その逆で、「できれば直接口をききたくない。そっとしておいてほしい」という人もいます。

勇気を出して「24時間365日、いつでもお電話ください」と言ってみた！

私の直面している市場においては、どちらかといえば前者が少数派で、大半は後者に属しているように見えます。POPのような、〝誰かの気配〟を感じるセールスプロモーションは今のところ差し控えている状況です。

世に出回っているコンサルのアドバイスが、すべてのケースに当てはまる黄金ルールのような正しいものとは限らないと思います。空室対策1つとっても、物件タイプやエリア、築年数によっても正解が変わるものです。

最近は入居される際に「24時間365日、いつでもお電話してください」と勇気をもって伝えています。

これには少し勇気が必要でした。「ほんとうに夜中に電話をもらって、緊急対応が頻発したらどうしよう!?」。

ただ、実際は新築なので設備のトラブルもなく、電話が掛かってくることもほとんどありません。それでも「いつでも掛けていい」と一言伝えるだけで、安心感・信頼度はぐっと高まることを期待しています。これもトライ&エラーです。

第2章

冷静になって「倍返し！」
顧客導線分析と客付業者対策

1　やはり大事なのは、賃料を払ってくださるご入居者様

「自分が最終の責任者」と覚悟すれば、意外と何でもできる

大家とは「自分の不動産賃貸ビジネス」の社長であり、最終責任者です。ご入居者様に安心安全で快適な毎日の住まいを提供することに強くコミットする立場の人です。

このビジネスの周囲に起きる、あらゆる関連事象を正確に把握し、コントロールしていく覚悟が必要です。場合によっては、自らの手であらゆることに解決する覚悟と準備が求められます。

私自身、大家をやってみて驚いたことがあります。それまで自分自身、掃除やゴミ出しを億劫がったり忌避《きひ》したりして「自分の役目ではない」くらいに考えていました。

トイレ掃除、風呂のカビの除去や排水口のゴミ取り、生ゴミの収集や廃棄、窓ガラスや窓サッシ（桟）……。

なかなか取り組むことができませんでしたが、一度大家になって自分の物件を管理するようになったら、賃貸物件にしても自分の住まいにしても、建物なり通路の掃除や片づけ、ゴミ出しをするのが全く苦にならなくなりました。

お部屋をお貸しする立場として、そして一生活者として、生活環境を快適にコントロールすることへの意識が高まったからなのかもしれません。

私の不動産賃貸業は専業大家でスタートしましたので、草むしりも植栽剪定もゴミステーションの清掃も、蚊に刺され大汗をかきながら毎週やりました。

指定日に出してはいけないゴミを出されることもあり、近隣やご入居者様から指摘された際にはすぐに自分で対処しました。

動物の死体も吐瀉物も便も、「最悪どんなことが起きるのか？」の想定が大切

ちょっと気持ちの悪い話で恐縮ですが、ある朝、自社の物件で野良猫が、〝鳩狩り〟をしてしまったようです。無残なことに●や●、●の一部と思しきものが遺されています。

ご入居者様の男性（25歳で身長190センチ、体重100キロの巨漢）が通報してくれました。彼の裏返った声の「キモチワルイ！　大家さん、たすけて～！」というヘルプコールで現地に赴きました。

私も出かける途中で全く準備もしていない状況でしたが、スピード勝負だったのでゴミの収集袋を2枚重ねにして回収しました。各種雑菌が怖かったので、何度も手洗いとウガイをしたのは言うまでもありません。

また、10年も大家をやっていれば、吐瀉物《としゃぶつ》や大便が放置されたままの状態に出くわすこともあります。季節によっては臭いがどんどん近隣に広がります。

悠長にかまえている暇もなく、両方ともゴミ袋を裏返して回収したのですが、全く慌てることな

く淡々と対処できました。以前の私からすれば大きな進歩で、「やはり覚悟をすれば何でもできてしまうものだな」と思っています。

このような些末な対応を含め「何が起こりうるのか？」「その対処はどうすれば最善なのか？」「どんな頻度で、どんな規模のトラブルが起こるのか？」を理解しているので、仮にフルタイムの勤め人を再開して、物件をどなたかに管理委託する状況になったとしても、不動産賃貸業については効果的な業務委託と現状の的確な把握ができるようになるのです。

勤め人になれば勤務時間は業務専念する必要がありますので、この経験や感覚は本当に助かっています。

不動産ビジネス、特に管理領域は業務を受託するプレイヤーがいます。自分が業務をしっかりと把握していれば、適正な価格とスピードで適正なサービスが受けられるための目が養われると思っています。

業務の全容を理解すれば、ＦＩＲＥしても、助けを借りて勤め人に戻れる

作業中、ご入居者様にお会いすると元気に挨拶をします。これは私が総合商社の新人サラリーマン時代に、体育会系出身のガタイのよい上司から、「挨拶は元気に先んじてしろ！」と口をすっぱくして言われていた頃からの習慣です。

ご入居者様からは、「いつもキレイにしていただきありがとうございます！」とお声がけしてい

ただくこともあります。それに対して、「こちらこそ、いつもお世話になっております！」と感謝を申し上げています。

ご入居者様の安全と快適に責任を負う大家なのですから、元気で気持ちのよい挨拶と、日々の清掃なんて当たり前ですが、とっても嬉しいやりとりの１つです。

何もすべて自分の手で行う必要はありません。植栽の剪定や草むしり、ちょっとした清掃などはシルバー人材センターや便利屋さん、植木屋さんなど、依頼できる先はいくらでもあります。管理会社の社員の方に明確に定義して依頼すれば、有償でも支援をしてくれるでしょう。

実は、しばらくアーリーリタイア、今の流行りではＦＩＲＥ（Financial Independence, Retire Early）と言うのでしょうか、そんなことを数年した後、ご縁があってまた勤め人に戻りました。

自分が勤め人に戻ってからは、そのようなプロの方々もお仕事をお願いして、全体として大家業を成り立たせています。

ただ、大家業に関するいろいろな仕事を外部の業者さんに委託するようになって、改めて実感することがありました。「管理会社にしても様々な業者さんにしても、あくまで有償の仕事の一環でできること、するべき範囲をやってくれるだけで最終責任を負っているのは大家なのだ」ということでした。

「『自分の物件を愛し、ご入居者様のためを想い、深夜でも早朝でも物件に駆けつけよう』などという人は大家以上にいない」と思ったほうがよいようです。

大家が負う重大な責任と判例

1つ、大家の責任について気になる事例をご紹介します。

阪神淡路大震災の倒壊した物件で亡くなった方々に対し、オーナーが土地工作物責任で敗訴した事例がありました。取得時に築16年の物件を買って、当時のご入居者様へ貸していた大家さんに土地工作物責任があるとして、1億2883万円の支払いが確定したそうです。

「そもそも建築当時の昭和39年の建築基準法に適合していない、いわば違法建築で、通常有すべき安全性を最初から有していなかったから、本件建物には設置の瑕疵がある。つまり築16年後にこのような安全性が不十分な違法建築を取得した大家には土地工作物責任があるから損失を払え」という判決でした。

また、阪神淡路大震災という巨大地震による損害発生であることを鑑みて、損害賠償額を5割削減しています（もともとの訴額が2・5億円という額もすごいですが、いったいどんな方が亡くなったのかと驚きます。すごく稼いでいた方か、あるいは家族全員4人、5人がお亡くなりになったのか）。

この大家さんは違法建築を承知で買ってご入居者様にお貸しし、大震災で亡くなったことに対する損害を賠償させられました。

すべてこのような極端な事象に該当するわけではありませんが、大家が負っている責任の大きさを物語る端的な事件だと思います。

2　売上増に直結する「データドリブン」な「情緒的マーケティング」

得意の広告マーケティングで「倍返し」

前述したように、私は新築当初、数億円の借金を抱えていました。自分には不動産賃貸業のノウハウも知見もないというのに、月に１００万円以上の引き落としが発生する、恐ろしい状態でした。目の前にあるのはすべて空室の物件という危機的状況に置かれ、「早くご入居者様に入ってもらい、毎月の家賃をもらって借金返済にあてないと破産してしまう！」と相当に焦っていました。

私は独りで物件にこもって内見のお客様を待ちつつ、時には近隣の賃貸不動産仲介店舗を回りながら必死に観察し、意見交換し、考え続けました。

その中で、「そうか！　自分がこれまで広告代理店でやってきたマーケティングのメソッドが役に立つかもしれないぞ！」と気づいたのです。特に私が取り組んできたのは、数字をつぶさに観察しながら行う〝データドリブン〟なマーケティングでした。

この〝データドリブンに観察し、情緒的にクリエイティブを展開する〟マーケティングを駆使して、私は目の前にある全空物件を１日も早く埋めるために最大限活用することにしました。

全く不動産業界のルールをわかっていなかった私から見た、不動産賃貸ビジネスの発見事項〝ファインディングス〟は図表１のとおりです。

【図表1　不動産賃貸ビジネスのファインディングス（本質的発見の言語化）】

①典型的な“500 m商圏”の商売。やはり地元を知るのは、「部屋を借りに来るエンドユーザー」ではなく賃貸営業パーソン。

②不動産物件・お部屋は千差万別。全く同じものは1つもない。市場の在庫は常に変動し、現れたり消えたりしており、気に入ったものが買えるわけではない。

③該当市場の家賃相場はあるが、実はけっこう曖昧模糊（アイマイモコ）としている。

④売る側と買う側（貸す側と借りる側）で、圧倒的な情報格差・情報の非対称性がある。このような市場では、生活者はインターネットや書籍から情報の収集と分析を行い、専門家に相談するなどして、その非対称性を解消しようとする。この業界において、身近な専門家は（実際にその能力があろうがなかろうが）“不動産仲介の営業パーソン”となりやすい。

⑤そのため、インターネットでいくらたくさんの物件情報が溢れていても、素人のエンド客からは最後の購買決定は専門家“に見える”不動産仲介の関与が非常に大きい。

⑥購入意思決定を行うあたりで急激にネットなどでの検討時間が伸び、賃貸物件の内見という商品の学習（タッチ＆トライ）を行う。一度でも購買意思決定（契約＆入居）してしまうと後は少なくとも数年は商品の検討や学習を行うことはない。不動産において“プロの顧客”（プロシューマー）はほとんどおらず、圧倒的多数は“素人レベルの商品知識と購買経験”を持つのみ。一生のうち何十回も購買意思決定（引っ越しや住宅購入する）人は、稀。（引っ越しや住宅購入する）人は稀。

⑦不動産関連のインターネットサイトの訪問頻度や商品情報の取得のやり方を見る限り、“生命保険”と似ていて、一度決めてしまえばあとはめったにこない。ちなみに、「人生の３つの大きな買い物」は(A)不動産、(B)生命保険、(C)車と言われるが、ABとCでは性質が異なる。

⑧購買決定のプロセスにおいて、“内見”という来店・来訪プロセスが必ず入る。車の購入に“来店試乗”が入るのと似ている。内見はどうしても営業パーソンの貢献が必要。もし営業パーソンに協力してもらえなかったら、内見すらしてもらえない可能性がある。

⑨“新築効果”が薄れると、同じ間取り似た仕様の周辺物件と差別化ができなくなる＝「コモディティ化」してしまう。供給よりも需要が少ない場合は価格競争に陥る。コモディティ化した商品は売り手側に不利なレッドオーシャンな状況になりやすい。

⑩マイソクの写真や図面を見ても、普通のエンド客では、特徴や個性までは理解できないことが普通。この時点で購買の意思決定は難しい。できる限り“現物”のイメージを掴んでもらうために、大量の写真や口頭での複数回の説明、現地で内見時の説明が必要。
仮に写真や図面で購買の意思決定（賃貸契約の意思表示）を行ったとしても、あとで実物を見ると撤回されるリスク、早期解約されるリスクは高い。

⑪不動産物件は一度建ててしまえば場所も変わらず、商品特性も一定期間は不変。
商品の基本特性は変わらないので、客付不動産業者に情報提供を丹念に行い物件の理解を深めてもらう。

そうすれば、次に空室になったときにも、大家の私に替わって見込客に商品を繰り返し説明してくれる、“自分の物件の営業マン”を配置しているのと同じ効果がある。

勤め人として不動産業界に長くおられ、親や祖父母の時代から大家さんである地主系の方々からすれば「あたりまえじゃん！」と言われそうですが、私にはどれもこれも貴重な発見でした。

3　全空物件を埋めるためのトライ＆エラー

資本も組織もない個人の大家が一気に満室にした秘密

次に私が発見したファインディングスを具体的にどのようなセールスやマーケティング施策に落とすのか、賃貸仲介の業者さんとのコミュニケーションの傍ら考え抜きました。

そしてトライ＆エラーを繰り返し、どうすれば1日も早く全空物件を埋められるのかについて実践してみたのです。

結果として、特に新築時には満足のいく成果をあげることができました。東日本大震災の大混乱があった中、わずか3か月弱で知名度ゼロのそこそこ高額物件が、優良なご入居者様で満室になったのです！

あの、借金の恐怖で眠れない日々からようやく開放されたのでした。

満室に至るまでの間に、複数の地元不動産屋さんの店頭では「今年の目玉物件！」として掲出されました。目立つ駅前の賃貸仲介不動産の店頭の〝物件紹介媒体〟を、文字通り、〝媒体ジャック〟することができました。

【図表２　有力仲介業者の複数店舗で「今年の目玉物件に」】

つい数か月前、誰も受け取ってくれないマイソクチラシを街頭で配る、というほぼ効果ゼロのマーケティング施策を1人でやっていたころから、長足の進歩でした。

そんな凄いことを、資本も組織もない個人の大家がどうやって成し遂げられたのか？

これから、その秘密をこっそりお示しします。

全空の（当時の私には）巨大賃貸物件を早期に埋める戦略の〝最重要ポイント〟は、「賃貸仲介不動産の営業パーソンをいかに本気にさせるか」です。その部分にフォーカスして、自分の時間も限られたお金も全力投入しました。

具体的手段は、〝勘定〟と〝感情〟の両面で、「営業パーソンを徹底的に盛り上げる！」というものでした。以下、実践したことを共有いたします。

【施策①】仲介業者の金銭面へのアプローチ。「勘定」作戦

賃貸仲介不動産の営業パーソンは、極めて厳しい営業数字を負わされているケースが多いです。例えば、大きな駅の近くにある仲介店舗では、繁忙期の手数料収入で月額目標が1人あたり100万円オーバーなどというケースも珍しくありません。

賃貸仲介の不動産会社の店舗は駅前の一等地の路面店だったりしますし、1年で大きく稼げるタイミングはそう長くはありませんからビジネスチャンスも限られ、毎年の繁忙期（12月〜3月、9月）への数字の期待が大きくなります。

それゆえに、彼らは入居を決めれば〝多くの金〟の入る賃貸物件が大好物です。関係法令に反しない範囲で、ＡＤ（広告費）や業務委託料の名目でもよいから、１円でも多くの手数料収入がほしいのです。

ですから私は新築プレミアムで売れていくことを見越して、エンドユーザーには敷金１か月に対して礼金２か月を設定しました。その礼金２か月をそのままＡＤや業務委託費として、仲介業者に渡したのです。

１部屋決めれば、ＡＤ２か月（賃料１か月を１００％として表記することが多く、この場合は２００％）というのは、当時、非常に美味しい条件でした。

このエリアの市場で新築として、ＡＤ２か月は従来よりもかなり高い水準です。ポータルサイトに広告し、マイソク媒体を買って告知するインセンティブになります。

「勘定」作戦、大盤振る舞いで付近の仲介業者さんたちが沸き立った！

また、その賃貸仲介業者さんが直に対面しているエンドユーザー（直客）を入居させることができれば、直客からの仲介手数料（仲手）が賃料１か月＋消費税（賃料の１１０％）が貰えますので、賃貸仲介の直客に弊社物件を紹介して契約に至ると、３１０％という高い単価収入になるのです。

仮に15万円の部屋であれば、自分の目の前の入居希望者にこの物件を契約してもらうだけで、１

部屋46・5万円のフィー収入になります。単純計算では、例えば中古ワンルームマンションならば約1400万円の物件仲介のフィーに相当します（売買仲介手数料を片手分3％で計算）。

余談ですが、投資用不動産を仲介する仲介業者さんが、中古ワンルームマンションの売買仲介において、バーチャル内見やネットでの情報提供を充実させつつ物件紹介ページで「この物件はすぐに売れちゃいますよ！」と煽り、遠隔地の投資家に内見なしでも売ろうとする理由がわかります。

要するに内見対応などに手間暇かけて売ると、営業経費倒れになるのでしょう。

併せて、賃貸管理（家賃収納・募集・修繕取次等）も請け負うことで継続的収入を得て事業を安定させているわけですね。その分、投資家の利回りは下がることにはなります。話を戻します。

さて、この〝大盤振る舞い〟に、狙い通り当該最寄り駅の各賃貸仲介店舗は沸き立ちました。その年の繁忙期には、1日平均の乗降客数が15万人以上にもなる当該駅駅前の賃貸仲介業者さんの複数の店頭で、自社物件がデカデカといくつも掲出される状況になったのです。

1件決まればまとまった手数料が入るということで営業の方々も注力いただき、我も我もとお客さんにすすめていただき、内見が増えて〝決め物（キメブツ）〟にしてくださり、どんどん申込書が届くようになりました。

「アテブツ」ではなく「キメブツ」に！

ここでキメブツとアテブツについて少しご紹介します。業界には「決め物・当て物」という言葉があります。

賃貸物件の検討者であるエンドユーザーへ、〝当て物〟（アテブツ）を内見させた後に、この物件ならこのお客様が申し込んでくれるだろうという〝決め物〟を見せます。貸仲介の営業パーソンが「この物件で契約を決めよう！」と思っている本命の物件です。

「アテブツ」とは、エンドユーザーにキメブツである本命物件をよく見せるために使われる物件のことなので、内見があっても決まらない、なかなか契約まで結びつかない物件は「アテブツ」に使われているのかもしれません。

大家さんにはどれもこれも大事なお部屋なのに、「アテブツ」にされてはたまったものではありません。空室が長くなるようなときは、特に注意しておくことが大切です。

【施策②】競争心に火を付ける「感情」作戦

この物件がある最寄りの駅は乗降客も多い人気の駅で、賃貸仲介の不動産店舗が多数ありました。すべてをローラー作戦で回っていて気づいたのは、「競合である賃貸仲介への激しいライバル心」です。

常に数字に追いまくられ、厳しい環境下で働く賃貸仲介の営業パーソンですが、とにかく「負けず嫌い」「ガッツの塊」です。このハングリー精神には今でも頭が下がります。

隣にある最大手の全国チェーン店Aが、店の中にデカデカと私の物件を掲出したと見るや、地元で有力な独立店舗B店も負けてなるかと、外からよく見える店のウィンドウに何部屋もの写真を大きく貼るといった具合です。

自社で何部屋か決まり、競合も決めていきます。どんどんヒートアップしていき、「これは決まる！ライバルには負けられない。とにかく店に来た人には全員すすめてみよう‼」と勢いづき、「自分が残りの全部屋決めてやる！」というマインドになっていったそうです。

このヒートアップには、正月にたった独りでチラシを撒いていた変わった大家として、周囲の賃貸不動産業者さんたちにちょっと知れ渡っていたこともプラスでした。

「あ、正月から自分の物件チラシをまいていた、あの変わった大家さんの物件がこれか！」「お！決めれば３１０％で４～50万円入るのか！　そこそこ儲かるよい物件じゃないか！」と比較的すぐに注目度が高まったのです。

2大「カンジョウ」作戦で満室に！

彼ら不動産のプロからすれば、私は無知も甚だしい素人大家ではありましたが、ときには「アホっぽいけど、何だか熱心で頑張っている」「エナジードリンクを土産に持って挨拶に来てくれた」「会えばよく喋る明るい人だ」「入居審査のＹＥＳ、ＮＯの判断が早い。理由も明確に共有してくれる」と好意的に見てくれていた、とのことでした。

この地域は歴史的に賃貸物件の供給が多い地域でした。不動産賃貸業が盛んで仲介店舗は１００

店舗もあります。

「地主系の大家さんはどちらかというと威張っていて、賃貸仲介の不動産屋・管理会社と共感しあえる互助的で良好な関係性を結べない人も多く、場合によっては自ら努力するよりも不動産屋さんに要求ばかりするケースもけっこう多かったんですよね」と言っていた賃貸不動産の担当者もおられました。

そのような〝大家さん間での競合〟の状況下では、私のような新参者の大家は珍しく、皆様は好意的に温かく応援してくれました。

もちろん相手も商売ですから、まず〝勘定〟が合うことが大前提ですが、その先へ行くには〝好意的感情〟が大きな助けになったのです。

いわば「客付仲介営業さんの、２つのカンジョウをガッチリ押さえる」作戦で、絶望の全空物件を満室にできました。これで安心して寝ることができ、本当に感謝感謝です。

【意外と超大切！】大家による内見対応～見込客を知る

やはりマーケターの性《さが》で、「自分の物件の見込客はどんな人たちなのか？」、逆に「どんなタイプの方々が見込客にならないのか」を無性に知りたくて、あえてすべての内見の対応を現地で行いました。

初年度は、おそらく内見者・賃貸仲介不動産の営業パーソンを含め、３～４か月で３００～

400人くらいの方々は会っていたでしょう。これは非常に得るものが多くて楽しくて、その後の入退去が出てもしばらく現地内見対応をしてきました。

私は内見者に対してあくまでも〝物件の管理人・案内人〟に徹して接しました（あえて大家とは言いませんでした）。大家やオーナーが相手だと、気軽な感想などなかなか言ってくれないだろうと思ったからです。

自分の物件の特徴や設備、設計した方の想いや施工した方々のことなどを内見者へ丁寧に説明しながら、内見者であるカップルの女性と男性の反応を注意深く見ていました。併せて、賃貸仲介不動産営業パーソンの感想やリアクションも拝見していました。

「自分のお客様を見つめること」は自分の賃貸ビジネスを知ること

見込客の購買検討行動の重要なポイントである「内見」に、全件、延べ人数で数百人立ち会うことで、有益な発見やフィードバックがいろいろと得られました。

例えば、購買に繋がる行動（内見の申し込み、スマホでのクリック、問い合わせ電話、等々）を起こしていただくのは、本当に貴重で大変なことなのですが、見込客はこの物件の情報のどの部分を気に入って「内見」という行動まで至っていただいたのかまでは、大家側からするとなかなかわかりません。

カップルや夫婦、親子で内見に来場した場合、誰が意思決定者なのか？ 内見者は現地でどんな行動を取るのか？

また、何を見てどんなリアクションをするのか等々、内見のリアルな現場でしか得られない貴重な生きたマーケティングやセールス情報を、膨大なサンプル分だけ得ることができたのでした。

このことは、どのように、どんな情報を提供してどんなセールスポイントで物件をアピールするか、セールスパーソンである賃貸仲介業者さんに何を伝えて動機づけするか、次に設備増強をするなら、何をどのように行うか、等々の「次の打ち手」を考えるためにとても有益なインプットになっています。

自分の見込客、購入後のお客様を深く知ることは、非常に有益だったので、物件のセールスやマーケティングの後工程の、入居希望者のスクリーニング（申込み審査）～契約書の作成と契約～入居後のオペレーション（ご入居者様からの様々なサービスリクエストや物件設備に関する対応）～退去立会いなど、ご入居者様に対応する業務に主体となって関わっていくことになりました。

お客様を知れば、ＯＰＴもＯＰＭも効果的に使える！

このお客様を理解するサイクルがポジティブに回り、さらにリアルな発見やフィードバックが得られ、自分の物件をお貸しすることを通して最高の顧客満足度を追求し、家賃をあまり下げず、むしろ市況を見て時には値上げをして、満室を維持し続ける……。

これにより最大の利益を得るための正しい努力ができることに繋がっていると感じています。

もし、賃貸経営で何か迷いや知りたいことがあったら、このような形でお客様に聞いてみる、直接情報が取れるチャンスがあればトライしてみてはいかがでしょうか？　差し迫った課題がなくても得られるものは多いと思います。

自分のお客様を理解するために業務フローを一人称で対応し、理解を深めることは予想しなかったよい効果がありました。

大家の自分がすべての関連業務を把握してコントロールできれば、後に業務の一部なりすべてを外部委託しても、うまく回っていきやすいなと感じています。

常に直接見ていなくても、遠隔でも大事なポイントやＫＰＩ（重要業績評価指標）を把握することで、不動産賃貸業がうまく運営できると思います。

そうすれば、効果的なＯＰＴ（Other People's Time：他人の時間＝組織の力）を活用して、ＯＰＴの梃子《てこ》（レバレッジ）がかけられるようになっていきます。

そもそも多額の借金をする不動産投資ではＯＰＭ（Other People's Money：他人のお金）でもレバレッジをかけているので、両方を巧みに活用することで、自分の限られた時間とお金で最大限の効果を得られるわけです。

大家業を不動産「投資」と呼ぶ場合もありますが、本質的には不動産賃貸「事業」であり、ＯＰＭとＯＰＴを巧みに活用して、自分の限られたリソースで最大限の事業収益をあげようとするものだと思っています。

あなたの顔は賃貸仲介の営業マンに思い出して貰えるのか？

大家自らの内見対応には、いろいろと副次的なよい効果もありました。内見時に現場にいることで珍しい大家だなと、賃貸仲介の営業パーソンから顔と名前を覚えてもらえました。

彼らは日常的に数百件ものマイソク（不動産の物件資料）を見る人たちです。その中で「あの大家さんの物件だ！」と思い出してもらえる物件と、印象のない物件とでは、エンドユーザーのお客様にすすめてもらえる確率も違ってくるようです。

できる限りお部屋の説明は自分でしましたが、賃貸仲介の営業パーソンの邪魔にならないよう彼らの営業行為を支援し、他の内見でも反応率の高かった情報をタイムリーに提供することでお手伝いするスタンスで臨みました。

彼ら彼女らに「この物件はよく知っている。魅力ある物件だから、自信をもってお客様にすすめられるな」「内見すれば決まりそうな物件だな」「キメブツにできそうだな」と感じていただくことがとても大切です。

不動産会社との関係構築。「獰猛な野獣」との和やかな付き合い

一方、別の視点からの話として、賃貸仲介の不動産会社はプロなので、大家のこちらがどんな人間でどんな気持ちなのかを注意深く観察しています。

直接大家が経験豊富なプロに対応するのは、大家サイドのこちらのあまり知られたくない気持ち

や状況（「なかなか決まらず焦っているな」等）を悟られることにも繋がります。

彼らは自分のビジネス上〝契約を成立させたい〟ので、大家（貸主）にはできるだけ賃料を安くさせ、審査においては入居条件をゆるくさせ、借主には予算をできるだけ増額させ、心情にも訴える（物件の希少性を訴えて煽る）等、あらゆる手段を駆使して契約にこぎつけようとします。

そうでなければ、入居者からの仲介手数料、貸主からのＡＤ（広告費）、入居に際して得られる手数料収入（火災保険や保証会社の代理店手数料、消臭などの付帯サービス）等々の収入が一銭も入ってきませんから当然です。

不動産会社との付き合いにおいては、その〝生きるための獰猛な本性〟、〝大家も賃借人も多少損をさせてでも、自分の養分にしたい動機〟を持っていることを、よく理解して対応しなければいけません。

和やかな関係性を維持することが大前提ですが、すべてに応じる必要はありません。必要に応じて要求を突っぱねたり、強気に出たりしたほうがよい局面もあるのです。

もちろん対等なビジネスパートナーです。特に長くやっている大家さんにはありがちですが、上から目線で対応することは中長期的によい結果にはなりません。

経営者である大家は人間力を発揮して、互恵的で和やかな関係性をつくっていくことが必要だと感じています。異動や昇進がない大家業は、その地で何十年にも及ぶ超長期のビジネスになることが多く、中長期視点が求められます。

「相場家賃は生き物」家賃は値上げもできる

相場よりも高いＡＤ（広告費・業務委託料）、魅力的なデザインの新しい物件、その割に割安な家賃、きめ細かな内見者対応、仲介業者セールスパーソンとの協力などにより、この新築物件は、当初の危機的状況から一転して、早期に満室となりました。自分がフルコミットした甲斐がありました。

この経験を通じて、不動産仲介業者のセールスパーソン・管理職・代表者・管理会社・家賃保証会社・保険会社・インターネットポータル・引っ越し業者など、かなり多くの方々のご助力によってご入居者様に快適な住環境を提供できることが実感できました。

新築の全空物件を早期に埋めるために、相場家賃よりも、意図的に少しだけ安い家賃を市場に提示して、自分自身がフルコミットしてリーシングに積極的に関与していたため、当該エリアの相場家賃的なもの、賃貸市場の波も肌感覚で理解できるようになりました。

仲介の営業パーソンからも、「もう５０００円、いや1万円高くても決まります！」という情報も聞いていました。早期に満室にすることを第一目標としながらも、その後の入れ替わりのタイミングで、そのときの相場を見ながら３０００円、５０００円、1万円と部屋タイプによって賃料アップに成功していきました。

「新築物件は新築時で一番高い家賃が付いて、そのあとは下がるものではないの？」というのが一般常識と思っていましたが、割安に貸し始めれば数年経ってから家賃を値上げすることは問題なくできます。

そもそも〝これが相場家賃だ〟と言っても、実は何の根拠もエビデンスもない幻のようなものなのです。

ポータルサイトが提示する平均家賃もあくまで「現在空室の物件の、貸主の希望価格の平均」であり、参考数値でしかありません。

物件は同じものは2つとしてありませんし、ポータルに乗っている数値的なモノだけでは、適正賃料を説明しきれません。実際に賃貸借契約が成立した家賃が「その時の相場」です。

地場で賃貸営業をしている経験豊富な人たちですら、「厳密にはわかりませんね」「決まった家賃が相場なんですよ」としか答えられないでしょう。

不動産に掘り出し物なんてない？ いえいえ、ありますよ！

新築プレミアムといっても、最初の家賃が〝市場の適正相場価格〟と比較して低いのか高いのかはわかりません。

よく新築プレミアムとは言いますが、数百棟も同じ物件を建て続ける大手のサブリース系アパートメーカー各社も、いったい幾ら分が新築プレミアムなのか、それがこれから何年続けられるか等、将来のことはわかっていないのです。自分の利益や手間の削減のために物事を敢えて単純化している可能性もあります。

あるのは市場に出してみて、借りる人がいるか否か、いつ決まるか、あるいはずっと決まらないか、といった市場の反応だけです。常に市況は変化し、競合も変化します。新築プレミアムが一体いつからいつまで効くのか根拠もない……すべて、市場に聞くしかないのです。

ましてや特徴のある物件（今回の物件は吹き抜けがセールスポイント）は類似のケースが少なく、家賃への寄与度を定量化することができません。

新築で普通の間取りの同じ専有面積の物件が近隣に建設されても、そのままではライバルにならないのです。

以前、不動産屋さんから「不動産に掘り出し物なんてない」と聞かされました。

「そんなものに時間をかけて探したところで、安いには安いなりの理由があり、高いものは高いなりの理由がある。それよりもあなたが自分の財布から出せる金を示してくれ。それで最高のものを探してあげるから！」という持論です。

ただこれは、私を「今すぐ客」にするための説得であって、事実ではありません。実際ポータルを見ていても常に値付の失敗があり、割安な物件も割高な物件も存在しています。掘り出し物はあるんです。

割安物件は入居がすぐに決まってポータルサイトから消えていきます。早く決まったからといって喜んではいけません。その物件は、市場に安すぎる価格で出してしまったということです。そして割高な物件はいつまでも残っています。

そのときの相場家賃を知る、１つのやり方

私が挑戦している「そのときの相場家賃で、ロスなく貸し出す」やり方をご紹介します。

契約上は2か月前の退去予告を求めているので、退去予告が出てすぐに、退去立会いと修繕・クリーニングのスケジューリングをしてもらうようにします。

そのことで1日も早く内見開始に持ち込みます。内見開始スケジュールが確定したら、その時点での適正と思われる家賃の検討に入ります。

まず、似たサイズ・同じ価格帯の物件リストをレインズ（不動産業界内の情報ネットワーク）から出力します。１つひとつマイソクを見て、正確な立地の確認（周辺は頻繁に歩きエリア情報は頭に入れます）、広さや築年、設備を評価し、写真などを確認し、グーグルストリートビューで物件写真も見るようにします。気になれば実際に外観を確認します。以前は内見したこともありました。

その上で自社物件と競合物件のよいところと悪いところを定量的・定性的に比較します。このような競合・市況判断プロセスを経て、〝貸し主の価格提案〟くらいの気持ちで、心持ち少し高いかこんなものだろう、という水準で家賃を決めて、市場に提示（レインズ、ポータルへの掲出、客付業者へのメルマガ告知）します。

前回の募集期間（市場提示してから実際に契約に至るまでの期間）を勘案して、新築よりも値上げする可能性もありますし、市況を見て値下げすることもあります。この時点では〝価格提案〟なので、反響の多寡によっては早期に値下げも視野に入れて提示します。

賃貸営業マンにこそ「情緒的なセールスメール」で語りかけよう

客付業者へのメルマガ告知は、すでに名刺交換している数百人の賃貸仲介営業マンのメールアドレスへ、一斉にメルマガ形式のメールを出します。

メルマガの書きぶりとしては、次のように語りかけます。

「あなたにオトクな新規の賃貸物件情報をご案内します。ＡＤはｘｘｘです。ｘ月ｘ日から内見可能です。セールスポイントはｘｘｘです。あなたの抱えるｘｘｘなお客様にぴったりです。毎回人気なので早く決まってしまいますから、早めにご案内をお願いします」

ここでも相手が、「おっ！」と惹き込まれるような私なりの「情緒的な語りかけ」をできるだけ心がけています。時節のネタも入れていきますし、常にセールスポイントはアップデートするようにしています。

例えばコロナ禍でテレワークが一般的になってきた昨今であれば、次のようなメールを送ります。

「同じ賃料の部屋より天井高も高くて圧迫感がなく、お部屋でのテレワークにピッタリ。光ファイバーが部屋まで引き込んでありますのでＺＯＯＭ会議も快適にできます！」

マイソクと図面は添付。そして、１部屋あたり20～30枚の写真を無料のオンラインストレージにアップロードしてＵＲＬも併せてメール送付します。

平行してレインズにも同種の情報を載せるとともに、各種ポータルサイトにも掲載します。

賃貸仲介にご案内→「エンド客への広告掲出」までは、時間がかかる

メールマガジンを配信してから、各賃貸仲介業者さんが契約しているSUUMOやHOME'Sやアットホーム等のポータルに掲載し、賃貸仲介の担当者のリアルな「売り物候補」になって、最初のエンドユーザー（以下、エンドと略称）の入居希望者さんから問い合わせが入った後、賃貸仲介さんから物件確認（ご紹介は可能でしょうか？）という連絡をします。

なお〝物確〟（ブッカク）電話が入るまでには、1～2週間程度かかります。これを私は〝市場への浸透期間〟と呼んでいます。

1日も早くメルマガを出して、いわば自分のセールスチャンネルに浸透させ、内見開始日にスタートダッシュができるように準備をしていきます。

一般媒介という契約形態で、SUUMOやHOME'Sやアットホーム等の各種ポータルについては、すべての取引先仲介業者へ掲載OKにしています。すでに1部屋につき20～30枚のデジタル写真もお渡しししています。

各ポータルにおいて、同一家賃レンジ、同一ゾーンの物件のページに、自社の物件が複数掲載されることを目指しています。いわばそのページの表示面積シェアを上げることを目指している、とも言えます。

各仲介業者さんは自らの商売に繋がるように写真を選び、セールスコピーを書きます。たくさんの方による工夫を凝らした複数の広告クリエイティブが並びます。

たくさんの出面に自社の物件紹介が出ることになります。これはインターネット広告のディスプレイ広告と似たようなもので、より高い認知度、興味、関心を得られるという仮説で行っています。

このことは「出回り物件」（売れ残り物件のようなニュアンス）のように見えるので、好まない方もおられるようですが、自社の物件情報がたくさんの業者から紹介されてデメリットを感じたことは今のところありません。

むしろメリットが大きいようで、入居を決めていただいた方からも「たくさん広告が出ていたので、興味関心を持ちました」と言われることが多いです。

データを注視して「市場の声を傾聴せよ！」

仲介業者さんは、当該物件の掲出を独占したい動機があり、いろいろな業者さんからポータルに掲出が行われることを好まない業者さんもおられましたが、最近はそういう方はいなくなりました。

物確の電話が入り始めるので、最初の１～２週間程度での問合わせ電話の件数・内見件数をカウントしていきます。

あらかじめ大体決めている閾値《しきいち》を下回るようだと「今」の家賃相場とズレが生じている可能性があると判断し、家賃を期間限定でも下げる準備をします（この値下げ余地のために、心持ち高めに価格提示をします）。

逆に物確の連絡が一定の件数をコンスタントに超えていたら、現在の市況の適正な家賃に近いと

【図表3　データを注視して「市場の声を傾聴せよ！」】

・いくらで募集開始したか、いつ家賃調整したのか
・連日、物確連絡が何件あったか
・連日、何件の内見が入ったか
・何日目に申込みが入ったか
・何日目に契約になったか

→これらをつぶさにウォッチし続けます。予め決めている閾値（しきいち）以上なら続行。逆に下回るようだと「今」の家賃相場とズレが生じている可能性があるので、家賃を期間限定でも果断に下げます。

判断し、そのままその価格で出しておきます。

物確件数は管理会社さんに毎日記録して共有してもらい、「閾値を超える・超えない」を常に見ています。物確の電話が順調に入り、内見が入っていても、今度は○日以内に申込みが入らないようなら、賃料を下げることも検討します。

このように常にデータを注視して判断しています。具体的には、以下の項目を記録し、次回の募集に向けて保管しておきます。このデータを使って状況評価、次の行動を検討するのです。

4　〝お掃除のオジサン〟は見た!?

「あくまでお掃除のオジサンなんです」の有り難さ

契約時に立ち会えるときは、「(できれば感じのよいイメージの）貸主企業の従業員で掃除のオジサン」としてご入居者様と対応します。

仲介業者に挨拶回りをするときも、〝リーシングも物件管理もする会社の担当者で、掃除のオジサン〟として回ります。ご入居者様や近隣の仲介業者さんでも、私が大家であることを知らない人がたくさんおられます。

理由は、まず「大家と接するのは重たい」と感じられることを避けるためです。私が向き合っている市場において、そして該当する家賃価格帯のお客様については、おそらくそのほうがよいだろうという判断からです。

第二の理由は「大家は最終決済者として、その場で決断を求められることがある。それを避けたい」というものです。

近隣との対応でも私が最終意思決定者の「大家」だと明かせば、いろいろな要求をどんどんしてくる人たちもいます。時には法外なことを言う人もおられます。

その場合でも、「私は管理会社の従業員です。上司に報告して判断を仰ぎます」と伝えて、いったん回答を保留できる効果もあります。

以前、近隣の町内会の方から、「アパートの町内会費をその物件全入居者分集めて、納付してくれ。これは住民の義務なんだ」と要求されたことがあります。そのときも「私は従業員なので、会社に帰って報告しますね」と伝えました。

その後で調べたら、法律的な義務は見つけられなかったので、次回に会ったときにこう回答することができました。

「必ずしも義務ではないようですね。ご入居者様にも契約時に町内会費を払う義務を明示しておりませんので、任意で支払いに応じるか確認するしかありません。そちらで町内会費が必要であれば、1軒ずつ回っていただけますか？」

掃除のオジサンのふりをして、回答を保留することで、冷静に判断を下すことができました。

どんな「役」でも、自分が決めればよいのです

ロバート・キヨサキ氏も著書『金持ち父さん貧乏父さん』で「不動産売買のときに最終決裁者が他にいることにしなさい」と書かれていたと記憶しています。おそらく、そうすることでいろいろ便利だったのだろうと想像します。

「それって信義則に違反するのでは？」と心配される人もいるかもしれません。

しかし不動産賃貸の運用においては、必ずしもすべてつまびらかにした真っ正直な対応が、最終的によい結果に結びつくことばかりではありません。

貸し主は、あくまでよいご入居者様に、きちんとしたお部屋を適正なお家賃でお貸しすればよいのです。

特に女性オーナーの場合、「女性だから、強く主張すれば要求を飲んでもらえる」と軽んじている人もいるようなので、そのような不都合を避けるためにもうまく活用すれば便利でしょう。

新築時のお知らせ看板に、女性の本名と連絡先を明記して後々いろいろ面倒だった、というよう

な話を聞いたことがあります。

このあたりは、大家さんごとにいろいろなご判断や手法があります。あえて大家と明示した上で、ご入居者や近隣とフランクに付き合いながら成果を上げている方もたくさんおられます。どちらが正しいということもありません。

ご自身の好み、向き合っている顧客や市場を勘案して決められてはと思います。途中で変更することももちろん可能でしょう。

本書を読まれている読者の方が「よし、ちょっと、内見対応してみよう！」と思っても、なにも入居候補者に対し、あえて大家であることを明かす必要はありません。適切な立ち位置をお考えになって、気軽に接点を持ってみてはいかがでしょうか。

知恵比べ……アリバイ会社のアリバイを見抜け！

「アリバイ会社」を知っていますか？　風俗、水商売等にお勤めあるいはフリーランスの方で賃貸借契約が結べない属性の方向けに、２～５万円程度のフィーで偽装勤務先や保証人、緊急連絡先を紹介するサービスです。

源泉徴収票、給与明細、在籍証明書も偽造します。違法性がありますが、今のところアリバイ会社が一斉に摘発されたことはなく、インターネット等でたくさんのアリバイ会社が堂々と営業しており、客付仲介業者さんには毎週のようにＦＡＸとＤＭが届きます。

先日、私どもの物件にも申込書とともに、アリバイ会社を使って架空の源泉徴収票を送ってきた客付仲介業者がいました。私は入居審査のルーティーンとして、入居希望者の申込書にある勤務先のＨＰを見たところ違和感がありました。

申込書の勤務先はマッサージサロンなのにそのＨＰには住所の表示がなく、来店型の商売としては不自然です。一般客を装って提示されている電話番号へ問い合わせたところ、最初に受付と思わしき女性が出たので、「そちらのマッサージサロンに行きたいのですが」と告げたら、その女性はしどろもどろになりました。

個室マッサージという小規模な店舗なのに数分も保留され、急に電話の話者が男性に変わりました。「うちはメンバー限定のサロンなのです。そのため、敢えてＳＥＯ対策でも検索結果に出てこないようにしています。紹介制なので申し訳ないですが、このお電話ではお受けできません」という回答でした。

これはかなり怪しいと感じましたが、同じタイミングで、審査をお願いしていた家賃保証会社から審査落ちの連絡がありました。

理由を内々に聞いたところ「自社内のブラックリストから、このサロンは、アリバイ会社による架空のものであると判明している」とのことでした。法人の登記簿謄本から嘘を見破ることもあるそうです。

このケースではたまたま見破ることができましたが、実在する会社が在籍を偽証する場合は嘘を見破ることが不可能になります。

見抜けないのは「大家のリスク」

源泉徴収票は、多くの勤め人の方にとっては馴染みの深いものと思います。年に１回会社から送付されたり、給与ソフトからＤＬ（ダウンロード）できたりするので、あたかも「公式なもの」という認識もあるかもしれません。

実際のところ、源泉徴収票の様式はほぼ自由。任意の給与計算システムからの単なるプリントアウトされたものなので、実在しない会社の名義でいくらでも偽造できます。

捺印されていないケースも多いですし、仮に何らかの捺印があったとしても、印鑑すら簡単に偽造は可能。アリバイ会社自体が源泉徴収票を発行することもあります。源泉徴収票そのものを見ただけで真偽を見破るのは不可能です。

このアリバイ会社は明らかに社会倫理に反することですが、現状、法律で一律に罰するのは難しいそうです。ただ、法律に反しないからといって、善良な貸し主や管理会社を悪意で騙すのですから、とんでもないことでしょう。

こういうアリバイ業者を斡旋するような客付仲介業者の悪い噂はあっという間に業界内で広まり、商売が続けられなくなるでしょう。

ただ、現実には今日のこのときもアリバイ会社が活発に営業活動しており、繁忙期（毎年１〜３

月と9月の後半）には「完璧にバレないアリバイサービスを提供します！」とFAXDMをしてきますし、恐らく、あなたの物件に入ってくる申込書の中にも、アリバイ会社を使って架空の勤務先が書かれたものがあると思います。

アリバイ会社を使う人の多くは、無職や十分な収入がない人。業界では「風」や「水」……つまり風俗や水商売の仕事をしている人だったりするようです。

特に風俗や水商売で働く女性を忌み嫌っているわけではありませんが、嘘をついてまで入居しようとする方は一般企業にお勤めの女性と比べてトラブルが発生しがちではないか、どうしても警戒します。

以前、実際に虚偽の申告によって入居してきた水商売の方は、残念ながら不心得な方でした。ゴミの出し方を守らないことにくわえて、深夜まで友達と大声でパーティーをする、禁止されていた動物を飼う、ポストからチラシや郵便物を取り出さずポストをパンパンにしてしまう、電気代やガス代を払わないので止められる、変わったところでは大声で夜泣きをする、というマナー違反もありました。

「契約を結んで部屋を占有させる」とは、「簡単に止められない信頼関係を結んだことと見なされる」と同意です。

日本には「信頼関係破壊の法理」というものがあり、一度占有を認めてしまうと、自分の物件でも簡単に明け渡しを求めることはできません。裁判の判決を勝ち取って強制執行をしなければ、意に反した明け渡しは実現できないのです。

入居審査に王道なし。「真面目に賃料を払ってくれるなら、ロボットでも宇宙人でも大歓迎!?」

他にも、私が内見対応したケースでは、30歳前後の女性と、50歳前後の男性のカップルで内見され、その後に送られてきた申込書の職業欄は「モデル」との記載でした。

しかし、モデル事務所の記載はなく、申込者ご本人には収入がないので収入証明が出せません。「友人」のその男性が連帯保証人になるとのことでしたが、男性に免許証と印鑑証明、収入証明を求めたら「それは出せない」の一点張り……。

このようなケースでは、その男女間での「金の切れ目が縁の切れ目」という諺がリアルに響きますし、将来の揉め事の予感がビンビン感じられました。

よく冗談で客付業者さんとは、「定期収入があって家賃をきちんと払い、ゴミ出しや騒音を出さないなどのルールを守り、揉め事を起こさなければ、ロボットでも宇宙人でも構わない」と話しますが、このようなケースではかなり心許ないです。この手の方はとにかく穏便に断っています。

一方でお受けする申込書は、勿論、名の知れた一流企業にお勤めの方の審査は通りやすいですが、「なぜ、この物件に住むのか?」がわかりやすく、私たちも腹落ちするまで確認していきます。

例えば、「物件の最寄り駅の沿線上に、お2人のどちらかの勤務地がある。現在、彼氏または彼女がそもそもご近所に住み、もう一方の方は別のところに住んでいる」といった場合なら納得のいくストーリーが描けます。

しかし、お互いの住んでいるエリアがバラバラであったり、勤務先から距離が離れていたりする場合は少し注意して審査します。本人の勤務先のこと、連帯保証人である親御さんの勤務先なども調べます。私たちでは年金生活者でも連帯保証人になっていただき、さらに保証会社の保証サービスをご入居者様の費用で買っていただきます。

親御さんに連帯保証人になっていただく理由は、もしもご入居者様に家賃支払いの遅れやその物件の入居ルールを守ってもらえない場合、親御さんからひとこと言ってもらうためです。賃貸借契約における〝債務〟はなにも金銭債務だけではなくて、契約上の債務もあります。親御さんには〝契約上の債務〟を連帯して負っていただいているのです。

逆のケースで、親御さんが契約者でお子さんを入居させたいというケースがあります。その場合は、ご入居されるお子さんにも連帯保証人になってもらいます。金銭的な債務は負えないので親御さんが契約者になるわけですが、契約上の債務は実際に入居するお子さんがメインで負っていただくことになるわけです。

幾つかの視点から調べ上げ、すべてある程度納得してから初めて契約します。契約当日も世間話のスタイルで様々なヒアリングを行います。

これだけ慎重に行っている審査ですが、もちろん失敗例もあります。入居審査は非常に難しく、10年経ってもまだ満足の行くレベルには到達できません。

第3章

ターゲティング、ネーミング
キービジュアル、パブリシティ。
そして、「満室の先にある重要なこと」

1　ターゲットは女性！　男女でこれだけ違う「お部屋の捉え方」

女性にとっては「お部屋は自分の一部」

ここからは、私が広告会社でマーケターとして得たノウハウや経験を生かしながら、新築全空の物件を埋めていった体験談です。

どれも飛び道具的な解決策はなく、1つひとつ地道に対応して積み重ねることで「全空↓満室という高い山の頂き」を目指して、一歩一歩登っていくお話になります。

当初、全数の内見に現地で対応していた経験から、男性と女性では「お部屋」に対する考え方が根本的に異なると感じています。

内見者の方々、不動産に関わる周囲の女性といろいろな雑談をする中で、女性はお部屋を「自分を護る大事な巣であり、いわば自分の一部」くらいに重要なものと捉えているのではないか、と感じるようになりました。

「大事な巣で自分の一部」ですから、安心・安全・快適な暮らしを支える要素で、女性にとってはとても重要です。細かな品質にこだわりますし、どんな思いや理念で誰によって企画・デザインされたものなのか、など背景のストーリーにも反応が高いです。

そのため女性は少しくらい家賃が高くても、物件にその価値があればお支払いいただけます。お部屋は女性にとって価格弾力性（価格の変動によって需要の変化する割合）が高くはない、気に入れば、価格からは影響を受けにくいという言い方ができるでしょう。

男性にとっては「お部屋は道具」

一方で男性は、内見時でも注意深くお部屋を見ない方も結構おられ、ご覧になる方でも女性ほど真剣に精査する方は多くない印象です。男性はお部屋への心理的関与度が女性に比べ、相対的に低いのかもしれません。

例えば、カップルお2人で内見に来ても、部屋の入口近くの水回りエリアを注視する女性の横を、男性はスーッと通り抜け、居室まで入って来ては「おー」だとか「へぇ〜」など感嘆詞だけの感想を表明し、「で、どう？」と女性に意見を求めるイメージです（笑）。

男性である私の個人的なインサイトですが、特に若い男性の場合は、お部屋を「道具」的に捉えている印象を受けます。

お部屋へのこだわりや愛情は女性よりも希薄で、「近い」「安い」「そこそこの機能を満たしている」ことが大切です。

「駅や職場に近い」「1階にコンビニがある」で十分だったりします。

さらに、人によっては交通量の多い主要幹線道路、例えば東京の環状七号線や国道246号に面していてもあまり気にしません。

一晩中途切れることなく車が走り、膨大な量の粉塵やＮＯｘ（窒素酸化物）が舞い上がっているのに、「ベランダの窓は一切開けないからＯＫ」みたいなイメージです。

そうなると、とにかく家賃が安ければよしとなります。通勤に便利な駅からほど近く、そここ広く、近くにコンビニがあり、家賃が予算内に収まればほぼ文句はない。

品質の細かな差異はあまり気にならず、関心もそれほどは高くない。安ければ安いにこしたことはない、と言えるかもしれません。つまり、定量化できること。特に〝価格〟への感応度が高くなります。

これはマーケティングやセールスの世界ではよく話題になるのですが、人間は商品知識や判断軸がなく、その商品への関心が低ければ「価格の安さ」が判断の重要なファクターになります。

バーゲンハンター相手では、利益は上げられない

みなさんも、関心が高くない商品については踏み込んだ検討はせず、「どれか決めないといけないけど、コレよくわからないし、こだわりもないから安いほうでいいや。早く決めちゃって、楽になろう！」と感じたご経験があると思います。

そして多くのケースでは「安さ」だけを求めるお客様からは十分な収益を上げられません。小売業でも言われるそうですが、バーゲンハンター（バーゲン品だけを買うために来店する顧客）相手では商売にならないのです。

もちろん男性でもお部屋にこだわりを持って真剣に探す人はいます。

ただ、私の肌感覚では、「安くて便利ならいいや」と考える人が一定数以上いるように感じます。そんな背景から、男性にとってのお部屋は「道具」のようなものだと感じたのです。

カップルやご夫婦であれば、「彼女（妻）が気に入っているなら、予算内なら問題ないよ」というスタンスになります。

私はこの十数年で５００人以上の内見対応をしてきて発見したのは、男性と女性とで面白いほどの内見の態度が違っていたことでした。マーケターとして非常に面白い体験でした。

内見時における行動パターンは男女間で顕著な違いがある

私が保有する物件には、室内に入ると、まず手前に水回り（お風呂・トイレ・独立洗面台・キッチン）が並び、その奥に天井が3・8メートルもある吹き抜けのお部屋があります。

さらに、その居室の掃き出し窓からは専用の庭が望めるお部屋です。この部屋に夫婦やカップルが内見のためにやって来たとします。わかりやすいように、ちょっと大げさに違いを見てみましょう。

男性なら、けっこうな確率でお部屋に入るや否や、奥にある明るい居室を目がけてトコトコ歩いていきます。途中にある水回りスペースなど目もくれず、居室の吹き抜け天井を見上げては、「へえ〜」「天井が高くて気持ちいいな！」と驚きます。そのあと「このへんは静かだね」「あっ、小さな庭があるんだ」と、誰が見てもわかりやすい特徴に感覚的に反応します。

女性は、これまた高い確率で、きちんと水回りから1つひとつ見て回ります。

・独立洗面台で朝の化粧がしやすいか？

プラスチック部分が変色したようなシャンプードレッサーではないか？

・浴室の広さは十分に足りているか、湿気がこもらないように窓はあるのか？

・トイレにウォシュレットつきは当たり前で、トイレットペーパーや生理用品をストックするスペースが備わっているか？

・台所の高さが自分に合っているか？

・調理スペースは狭くないか？

これらを手で触りながら1つひとつ確認していきます。

つまり「直感や印象」だけではなく、「具体的な生活イメージ」を指差し確認しながら、お部屋を細かくチェックしているのです。

王道は「女性に嫌われないこと」

男性でも水回りを注意深くチェックしている人がいないわけではありませんが、この物件の立地特性もあるかもしれませんが、比較的少数派でした。

女性は部屋の実用性を多角的に判断しているので、満足がいくものであれば少しくらい価格が高くてもお金を出します。

ですからお部屋づくりを考える際は、女性視点で企画するべきです。徹底的に「女性にウケるには!?」を考え抜くのです。

私は個人的な趣味ではインパクトの強い濃い色の個性的なアクセントクロスが好きで、「ちょっとシックで高級感が出るからよいのではないか！」と思うのですが、女性の設計士・プランナーさんから言下に否定されてしまいます。

彼女たちが言うには、好き嫌いが出てしまうからＮＧだそうです。たまたまその入居希望者の好みにピッタリ合えばいいですが、好みが分かれやすい強い主張は避け、できるだけ多くの方に検討の間口を広げるのが「賃貸用物件」の王道なのでしょう。

壁紙や床は、できるだけ明るいホワイト系かベージュ系の誰にとっても感じのよい、言葉はよくないですが〝無個性〟な色にして、好き嫌いが出ないようにしています。

入居者が男性でも決定権は女性！

また、学生をターゲットにした物件でも、女性目線で評価されることは重要です。

例えば大学に入りたての息子さんには、お母様が付き添いで内見に来ます。お母さんが気に入らなければ入居していただけません。

私の知り合いで、ある都心にある大きな大学の生協と契約し、学生向けの賃貸住宅フェアを仕切っている不動産屋さんがおられます。

また、たまたま同じ大学が運営する賃貸仲介会社に勤める社員の方がおられるのですが、彼らによれば、自分の愛する息子さん、娘さんが暮らすお部屋に強いこだわりを見せるお母様も多くいるそうです。

どうやらお母様ご自身が東京に遊びに来られる際のことを、念頭に置いているケースもあるようです。

大学を卒業して自分で稼ぐようになってからお引っ越しをするようなときも、彼女さんがおられる場合は同伴で内見に来ます。

内見対応していて印象的だったのは、彼女さんは自分が遊びに来て過ごしやすいお部屋なのか、立地なのかというポイントに、極めてはっきりした判断をなさります。

同棲のカップルや夫婦では、当然女性の意見が重視されます。

休日が合わなければ別々に内覧へ来られますが、仮に、たまたま男性が先に内見し、非常に気に入って「申込みしますので部屋を押さえておいてください」と要請されても、後日に女性が内見に来て、あっさり却下するようなケースが多々ありました。面白いことに、その逆（女性が気に入り男性が却下）はほとんどありません。

私の限られた体験ですが、とにかく「女性に気に入られないことにはお部屋は決まらない」のだなあ、と実感しています。

2　キーとなるのは〝物件写真〟！〝ネット検索時代の命運を握る、使える写真〟の撮り方とは⁉

物件写真は「映える写真」を多く！「居室、設備、外観、ファサードすべての写真」が必要

特に都市部の賃貸物件のセールス・マーケティングは、ほぼインターネットを介して行われます。入居希望者はインターネットのポータルサイトを複数検索して、ある程度物件のアタリをつけます。その物件を掲載している客付仲介業者さんに連絡をしていきます。

その広告クリエイティブにおいて、最もインパクトのある説明パワーの強いコンテンツが、現状は〝写真〟です。当該物件をセールスする上での「命」と言っても過言ではありません。

物件の写真は新築、もしくはできるだけ新しい時期に撮っておきましょう。物件の「お見合い写真」のようなものかもしれません。

晴れた日の明るい太陽光の下で、明るいレンズ（F値が低いもの）で、いろいろなアングルで撮影しておきましょう。

また、できるだけ広角レンズで撮り、少しでも広さを感じさせる写真を様々なパターンで撮っておくことが大切です。

パターンは多いに越したことはありません。

部屋全体を上下（ハイアングル・ローアングル・アイレベルなど）、左右前後（寄り・引き）、様々な角度、距離の写真で居室だけでなく、キッチンや洗面所、風呂にトイレ、玄関、専用庭、バルコニー、玄関土間、等々。

それから注目してもらいたい設備も撮ります。

例えば、オートロック門扉、カメラ付きインターフォンの子機・親機、無料インターネットの機器設備、床暖房のリモコン、ＩＨクッキングヒーター、浴室乾燥機・お風呂のリモコン、ペアガラスのサッシ等々、これでもかというほど撮っておくのです。ポータルサイトやマイソクなどの文字情報よりも、写真の訴求力は強いです。

その写真はポータルサイトの無数の物件写真の中で、ひときわ目立つ写真か!?

外観写真もたくさん撮ってください。晴れた日に撮影し、物件の背景に青空を入れると好印象です。企業のホームページでも、イメージ画像として青空をどこかに活用しているケースが多いのはそのためです。

ちょっと意外かもしれませんが、夜の外観写真も目立ちます。物件をライトアップして明るいレンズで撮ると、魅力的でシックな存在感を示せます。

ポータルサイトで無数の物件写真が並ぶ中、夜の濃い色調の外観写真はひときわ目立ちます。多くのご入居者は昼間働いておられますから、物件を夜眺めることも多いのです。

物件写真の利用シーンも、Ｂ４サイズのマイソクチラシに使う写真から、スマホの画面で小さな写真として見られることまで想定して撮影します。

私の場合は１部屋30～50枚くらいを撮影の目安にしました。素人ながら、写真を見た人が「おっ！」と感じていただけるような魅力的な写真になることを念じて相当数撮り続けました。

この大事な物件写真は頻繁に参照することになりますので、わかりやすいファイル名をつけて各部屋にフォルダへ入れて管理します。

空室が出てご入居者様を募集するときに、広告出稿していただける仲介業者様に写真データをお貸しします。仲介業者様には、各社独自のセールススタイルやセールスポイントで写真をピックアップしていただき、ポータルサイト掲出など自社の広告に活用いただくのです。

仲介業者様は、SUUMOやHOME'Sやアットホームなどのポータルサイトと有償契約をしています。その広告媒体費用を将来得られる仲介手数料から回収したいので、真剣に物件写真を選びます。

プロの仲介業者さんがどの写真を選んでいるかは、客観的に物件のアピールポイントを探る手がかりになります。

インターネットのポータルサイト、マイソクといった広告クリエイティブによって、入居検討者の方々は、「問い合わせ」や「内見」という行動を起こします。

入居検討者の方々は真剣に情報を求めています。行動を起こしてもらうには、できるだけたくさんの情報提供が大切なのです。

プロの構図法、３Ｄ、動画もどきなど新しい手法も研究

高額物件も扱うような大手の仲介業者は、自社で写真撮影チームを持っていることがあります。私どもの物件を仲介するにあたり、専門の担当者が写真を撮りに来てくれたこともありました。その際、撮影を許可し立ち会い協力をする見返りに、写真データをいただくことができました。そのまま競合の仲介業者さんにはお貸し出しできませんが、プロの担当者による構図や撮影の仕方は、とても参考になりました。

新しいテクノロジーでいうと、リコーのTHETA（https://theta360.com/ja/）という3Ｄカメラで物件を撮るのも面白いチャレンジかもしれません。

コロナ時代に適合したバーチャル内見ができる３Ｄ撮影が可能になります。３Ｄ内見など実際の利用は月額使用料がかかるようですので、ご自身の物件、セールススタイルに応じて活用を検討してみてはいかがでしょう。

また、YouTube動画を使った物件アピールもトライしています。

スマホ動画やビデオカメラで動画撮影してもいいですし、前項で紹介した「映える」スチル写真をスライドさせ、あたかも動画のようなコンテンツをつくることも可能です。MacOSにデフォルトで入っている「iMovie」というアプリを使えば誰でも簡単に編集できます。

WindowsPCにも類似のアプリが標準で入っていますので、いろいろ試してみるのもよいのではないでしょうか。動画の場合はＢＧＭが重要ですが、世の中にはフリー音源が豊富にあります。

3　ネーミング・物件名のつけ方　〝オシャレ〟で〝難解〟で意外性と興味をかきたてる

○○コーポは論外。逆にあえて読みにくい物件名に

築50～60年などの木造アパートでは「○○荘」「○○コーポ」といった昔ながらのネーミングが使われているのを目にしますよね。

ただ、みなさんも同意されると思いますが、令和の時代の物件では、よほどの事情がない限り、このような昭和感丸出しのネーミングは避けるべきです。

私は初見で、「あれ？」と意外な印象を持ってもらうことを目的に、英文表記の少し変わった物件名にしています。「こんな物件名、すぐには読めないよ」でよいのです。

言語でいうなら、一節によると日本人にはイタリア語の響きが好まれる傾向にあるそうです。もちろん、英語でもフランス語でもＯＫです。

私の管理物件の1つには、日本人には読みにくい英語の物件名をつけています。すると客付業者さんも入居希望者さんからも、物件名の読み方を質問されます。これは「名前はふつう読みやすいものだ」という認識をあえて裏切って関心をかきたてる「認知的不協和」という手法を試しているのです。広告表現では結構活用されている手法です。

名前の由来をちょっとだけ添えて説明すれば、興味を持ってもらえますし、記憶に留めてくれているようでした。

そして「物件名はご入居者様の一部」になる

そのような場合、再契約のときに、ご入居者様の免許証や住民票をＩＤとしてお預かりすると、高い確率で、その読みづらい物件名を免許証や住民票に記載いただけています。おそらく、「物件名は、自分を説明する大事な構成要素」として気に入ってもらえているのだろうと推測します。

ご入居者様が物件名を周囲の方に紹介しているシーンを想像します。

例えば、お友達に免許証を見せる際は、「この物件名は何て読むの!?」なんて話に発展しているかもしれません。

そのときは、きっと読み方や物件名の由来を説明してくださっているのでしょう。それで相手の方が「へ〜、なんか面白いね！」「オシャレだね！」とウケてくれたら最高です。そんなやりとりの中で、ご入居者様にとって物件名は自分の大事な一部になっていきます。

そうなれば愛着がわき、１日でも長くご入居いただけることを期待しています。ですから、○○荘や○○コーポという昭和な古い名前では不都合なのです。

どんな物件名をつけても追加でコストはかかりません。

もしも賃貸物件を建設や一棟ものの物件を購入して物件名を変えるチャンスがあるようなとき

は、どんな物件名にしたら、将来のご入居者様が自分の一部として気に入ってくださるか、いろいろ思いを巡らせてみてください。

「大きくて読みやすい館銘板」は必要ない

また私の場合、居住物件の館銘板はエントランス通路部分に小さく付けています。これは館銘板に対して、物件名称を読ませるための看板としての役割ではなく、建物のデザインの一要素くらいに考えているからです。

そのため小さくてオシャレなものにしています。たまたま2～3階建て程度の物件の規模ですし、大きなカタカナ表記の館銘板は何となく不釣り合いなのです。

そもそも現代において、いかにも看板的な館銘板は必須のものではないと思っています。マイソクなどに記載する物件データには住所・地図を添付しますから、館銘板をたよりに内見にくる方はいません。

最近であれば、新築でも何年か経つとGoogleマップに物件名が載ります。宅配便は一度配達されれば業者さん側がちゃんと覚えてくれます。

大きな館銘板は意外と存在感があります。物件のイメージを上げることもあれば、反対に残念な場合もあります。建物を構成する大事な要素として「自分の物件にはどんな館銘板がフィットするのか」を考えてみてもよいと思います。

4　パブリシティ：少しハードルは高いが成功すれば効果大

マスメディアを利用して好印象を与えよう

「マスコミに取り上げられた」商品には、皆さんが興味と関心を持ちます。

ＴＶや新聞に取り上げてもらえるような、キャッチーなプレスリリースの書き方を指南する本はたくさん出版されています。

それだけ多くの人たちが「マスコミに取り上げられた商品を買いたい！」と望んでいるので、多くのマーケターが一生懸命にプレスリリースを考えるのです。

賃貸物件の場合ですと、よほどの特色があるか、たまたまチャンスに恵まれない限り、ＴＶで紹介されるのはハードルが高いですが、業界の専門誌であれば、知っている人に片っ端からお願いすれば、掲載いただけることもあります。

私は幸運にも建築の専門誌の賃貸物件紹介コーナーの取材を受けることができました。掲載された雑誌をたくさん買って、内見対応のため当該物件に設置、「マスコミから取材してもらいました！」とアピールできたのです。

これには仲介業者さんも入居検討者の方々も10人中10人が、「へぇ～、すごいですね！」と好意的な反応をしてくださいました。それが申込みの後押しになったご入居者様もおられます。

入居後もお友達に少し自慢されていたそうです。その雑誌は専門誌ですから、内見される方が事前に知っていることはほぼ皆無ですが、とにかく「マスコミ（雑誌）に掲載された！」という事実が、とてもよい効果をもたらしてくれました。

仲介業者、入居検討者の高感度も大幅アップ

管理会社や客付業者様に対しても「マスコミに紹介されました」と伝えれば覚えてもらいやすくなります。仲介店舗にあいさつ回りするときも内見対応のときも、紹介記事が載った誌面を見せると、好印象を持ってもらえます。

特に、地方から上京して来られた入居検討者さんに対しては、その〝特別感〟は強いようでした。令和の現代なら、ネット媒体や、近隣のコミュニティーラジオに取り上げてもらうように働きかけるのもよいかもしれません。

メディアに取り上げてもらうために、プレスリリースを書いてみるのは「自分の物件のＵＳＰ（Unique Selling Proposition）を端的に把握する」ことに繋がります。

自分のセールストークにも磨きがかかり、その後のセールスにプラスの効果がありますので、意欲があれば挑戦することをオススメします。

お金を払って掲出してもらう広告とは異なり、パブリシティはなにしろ無料、取り上げてもらえれば効果も大きいですから。

お部屋の決定は、「右脳で決めてから左脳で理屈づけ」

入居を検討する方にとっても、お部屋の決定は〝人生の中でも高額な商品を買う〟という重要な意思決定になります。その重要な意思決定に際し、できればメディアなどの第三者評価で背中を押してほしいわけです。

新聞や雑誌に出たという情報、あるいは「近くに芸能人が住んでいる」といった情報は、その重要な意思決定を後押ししてくれます。

多くの購買決定は、実は右脳、つまり「本能や感覚」でまず決めた後で、左脳で「理屈づけ」を後追いで行うものだ、という方々もおられます。

「マスコミに紹介されているから」「外部評価が高いから」という事実は、その「左脳の理屈づけ」を助ける効果があると思います。

話題になる差別化ポイントをなかば強引にでも1つはつくってみて、そこを切り口に取材してもらうことは、少しハードルは高いですが挑戦するに値すると思います。

5 〝感動の満室〟とその先のこと

新築全空状態からの満室化は「未経験の山登り」。登頂後は!?

さて、頼り切っていたコンサルから投げ出され、最初はなかなか埋まらず途方にくれた私の物件ですが、ここまで記載してきた様々なTipsを必死に繰り出しながら大量の行動と失敗を繰り返す中で、とうとう〝恐怖の全空物件〟を満室にすることができました！

不動産業界には全くの素人からのスタートでしたので、この満室は、まるで未経験の山登りをやりきったような達成感がありました。

ただ、その後、意外な状況になりました。満室にしてしまった後は、驚くほど急にやることがなくなるのです。これは想像していなかった大きな変化でした。

それまでは土日を含めて毎日朝から晩まで物件に張りついていたのが急に暇になります。週に1〜2回物件に足を運び、お掃除のオジサンとして、挨拶しながら掃き掃除をして、雑草を抜くくらいしか仕事がありません。

そういう意味で上手くいっている大家さんの究極のゴールとは、「焦ってやる仕事が一切なくなる、暇な状態になること」と言えるのかもしれません。

チームビルディングができている大家さんは「意外とヒマ」

どんどん物件を仕入れてリノベ工事などをたくさんやっている日々規模拡大中の不動産投資家の方は別ですが、急拡大しているわけでもない大家さんが「バタバタ忙しい」のは、だいたいロクなことが起きていないと思っています。

空室が増えてなかなか埋まらなかったり、周囲に迷惑をかける不良入居者や滞納者がいたり、物件の設備トラブルが頻発してその対応に追われている等々です。

逆に、その物件の運営が上手くいっており、ご入居者様の快適な暮らしを支えるための理想的なチームが立ち上がって機能しているならば、大家さんはバタバタしません。

管理会社が目配りし、空室が出れば客付会社へすぐに連絡が入り、客付業者が自律的にセールス活動を行い、入居希望者様を見つけてきてくれます。

設備が故障したときも、工務店や設備工事業者の担当者に連絡がなされて適切な手配をし、管理会社がご入居者様とのスケジューリングから作業完了チェックまでを行っています。

その他の関連するあらゆる事象は自律的にチームが対応しますから、わざわざ大家が自分の時間を使って緊急の対処をすることはほぼゼロになっていくのです。

もちろん、ご自身がやりたい意欲をもって、修繕やDIYをする大家さんもたくさんおられます。ここはどんなスタイルを好むかによりますし、「大家はやりたいこと、時間の使い方を選べる」とも言えます。

〝大家さんはヒマ〟、〝大家さんは不労所得〟と思われている人もいるようですが、うまく経営できている大家さんは、前述したように理想的なチームビルディングを行い、OPT（Other Person's Time）という〝テコ〟を使って、時間の拘束がないビジネスをつくれているのでしょう。

あ！　全くの人任せで〝業者などの他人の養分〟になっている人も、一見すれば不労所得かもしれません……。

【図表4　7つの習慣®から着想を得た、
“第二領域”への投資による大きな効果】

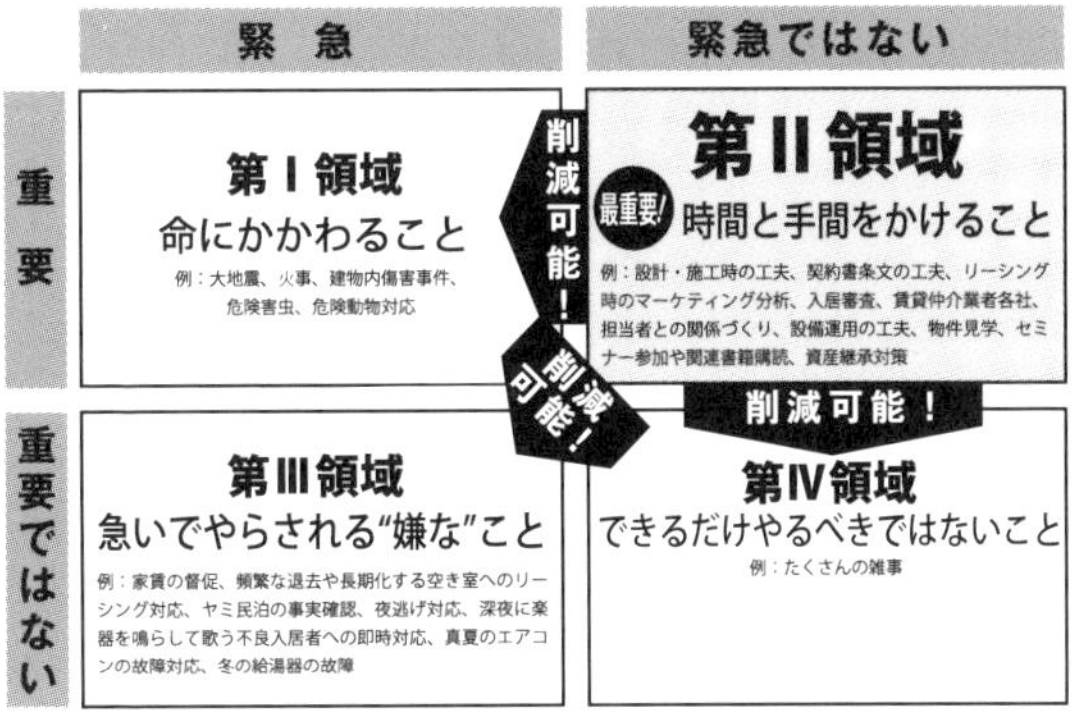

外形的な判断は難しいですね。きちんと物件をめぐる状況を把握して諸事をコントロールできている大家さんである必要があります。

7つの習慣の〝第二領域〟への投資

管理会社にフィーを払って自律的にチームが可動して、ご入居者様が毎日快適に住まうのに十分なシステムが確立した後は、私は〝第二領域〟にフォーカスするようになりました。

これは、スティーブン・R・コヴィー博士の『7つの習慣』（訳：ジェームス・スキナー／川西茂）で示された考え方で、「緊急ではないが、重要なこと」を指しています。

私にとっての〝第二領域〟は、物件全体のメンテナンス計画を立てること・客付業者との人間関係づくり・管理会社担当者の育成・次の開発プロジェクトの検討・金融機関との人脈づくりなどが当たります（図表4）。

『7つの習慣』の有名な「時間管理のマトリックス」の図は、重要度と緊急度で4領域に分けています。中でも「重要で緊急なこと」は最も優先しないといけません。

例えば、命に関わること。火事になったときの消化活動は何をおいてもすぐにやるべきことです。ただ、このような「緊急なこと」は、できるだけ減らしたいものです。

優先して実行するとメリットがあると感じるのは、「緊急ではないけれど重要なこと」領域です。内容は各人で異なってくると思います。

経営者であれば部下の育成や研修教育、チームの結束力やロイヤリティ醸成、重要取引先との関係強化などがそれに当たるでしょう。

個人の人生であれば、パートナーの方との関係性をよりよくすること、子育てや自己研鑽などもその領域に含まれるでしょう。

人生を豊かに幸せにし、企業を力強く成長させるためには、この〝第二領域〟の「緊急ではないけれど重要なこと」に、どれくらいの時間とパワーを投入できるかにかかっているのではないか、と思っています。

「第二領域：緊急ではないけれど重要なこと」に注目する

大事なのは、「緊急ではないけれど重要なことは何か？」と常に考え、手を打ち続ける姿勢だと思います。それにより、「緊急」な事態の発生が抑えられ、慌ててバタバタすることが減っていくと感じています。

大家業であればなんでしょうか？

例えば、客付会社との関係性があまり築けていないとします。退去が出てしまってからマイソクをつくって、最寄り駅の客付仲介業者を「はじめまして！」と営業活動をする状況になるかもしれません。これは「緊急で重要なこと」になります。

一方で、時間のあるときに「緊急ではないが重要なこと」として、客付会社を回って物件の詳細説明をしてご理解いただき、名刺交換をしておく等一定の関係性を築ければ、退去の予定がわかった時点で、募集依頼のメールを送るだけで客付のアクションを取ってもらえる効果が見込めます。

第二領域の実例：事前の注意喚起で「緊急対応」を未然に防ぐ

夏場のエアコンの故障は緊急事態です。真夏にエアコンが壊れても、即時に修理や交換工事ができることは稀です。

大手メーカーからも、「エアコンの使い始めとなる6～7月になると、問い合わせや点検ご依頼が集中し、修理対応においてもお待ちいただく場合がある」と注意喚起されています。

２０２０年4月から施行された民法改正法に基づいて、貸室・設備等が使えなかった場合に賃料の減額がなされることになり、日本賃貸住宅管理協会などの業界団体で家賃減額のガイドライン(https://www.jpm.jp/pdf/gengakuguide2.3.19.pdf)が示されていますが、そこにもエアコンについて触れてあります。エアコンはそれほど重要な設備と一般的に認識されているわけです。真夏にエアコンが何日も使えないとなれば、健康被害のリスクがあり、最悪の場合は命に関わることさえあります。

私は毎年5月か6月前半の、「ちょっとエアコンでもつけてみようかな？」くらいの、それほど暑くない時季を狙って、全部屋のご入居者様へ「正常な稼働を確認していただくため、ぜひ今日でも冷房を使ってみてください。真夏にエアコンが故障しても、メーカーの対応状況の逼迫ですぐには修理できないことも多いです」と周知していただいています。

☆ダイキンの注意喚起例　https://www.daikincc.com/campaign/switch-on/

このような注意喚起により、現実に真夏の暑さの前に故障が発見され、迅速に修理対応できたことがありました。本当に助かりました。これも「緊急ではないが重要なこと」と思います。

副次的効果として、ご入居者様に「真夏にエアコンが壊れても、すぐに修理できない可能性がある」ことを、この告知でリマインドでき、実際に故障が発生した場合でも、ご入居者様にある程度の心の準備をしていただけると期待できます。

「壊れない設備・対応が早い設備を選ぶ」のも第二領域

全く予想もしていなかった重要設備の故障でご入居者様が気分を害され、発作的に退去されるようなリスクもある程度下げられると思います。

エアコンは毎年のように便利な新機能が追加されます。人感センサーによる送風の吹き分け、自動フィルター掃除等の目をひく新製品が発売されます。

しかし、不動産賃貸業者が自社の設備としてエアコンを採用する場合は、「とにかく壊れにくい」「壊れてもすぐに対応してもらえる」メーカーの機種を選ぶことも重要ですね。

これも物件を新築で建てる場合は、設備の入れ替えを行う際の検討における、「緊急ではないけれど重要なこと」に当たるでしょう。

緊急時になって焦って動くのではなく、緊急ではないけれど重要なポイントに時間を費やすことでリスクヘッジになりますし、チームの危機対応力向上にもつながっていきます。

「緊急ではないけれど重要なこと」に投資をするのは、事故や故障発生への対応コストを下げ、安定した事業運営の助けになるでしょう。

6　満室になってからのマーケティング・セールスの注意5点

【注意①】賃貸仲介の営業パーソンとの関係性づくりは重要

「営業最前線の声はとても大事」。これを否定する経営者はいないと思います。

自社物件のマイソクを持参して、賃貸仲介の最前線の営業パーソンを訪ね、大家の顔を覚えてもらい、その大家の物件を覚えてもらい、何かのときには想起してもらうことが大事です。

「今、どんなお部屋に人気があり、あるいは人気がないのか?」「自社のお部屋を決めてもらうためにどうしたらよいのか?」の答えは、営業の最前線にそのヒントがたくさんありますので、「ヒントを貰う」という意識でヒアリング主体でのコミュニケーションを図るのはとても大事だと感じています。

管理を依頼している管理会社が自分を外して蔑ろにされると感じているようなら、一緒に仲介業者を回るのも一案ですし、その結果を後で共有すればよいと思います。管理会社も物件を決めるという目標を共有するチームの一員になっていただきましょう。

【注意②】「悪気のないポジショントーク」には十分に注意!

仲介業者の営業パーソンは、悪気はなくても、思い込みやポジショントークをしてくることがあるのも事実です。

自分の扱いとして契約を決めたいので、「家賃を下げろ」「人気設備を増やせ」「入居条件を下げろ」「AD(広告費)を増やせ」「個人ボーナスが欲しい」等々、いろんな要望を求められるケースもあります。

もちろん正論もあるでしょうが、即時に対応するべきものばかりでもありません。

このような要求をされると、時には不安になったり、気分が悪くなったりするようなこともあるかもしれません。そんなときは、1つの参考意見くらいに捉えればよいと思います。この手のポジショントークもそのうち慣れます。

最も大事なのは、「この目の前の営業パーソンの人たちが、入居希望者の方と、日々様々なやり取りをして、お部屋が決まっている」という現場感を感じること。

自分の物件についての課題を知り、ご入居者様とやりとりし、営業パーソンの意見を多く耳にし、管理会社の方々と意見交換する中で、自分の中に的確な判断基準ができてくると思います。これを現場から離れたところで得ることはできません。

【注意③】入居希望者は仲介営業のオススメに左右される

今の賃貸物件検討の顧客動線に関して言えば、ポータルサイトで掲出された物件を相当数比較検討し、自分の条件をある程度定め、希望する物件にアタリをつけてから来店します。

とはいえ入居検討者（エンドの見込客）にとっては、一生のうちで賃貸物件の意思決定を何十回とは行っていない、前回の意思決定から数年は経っている、その地の最新の相場も十分には把握していない、いわば「その商品の素人」なので、仲介営業のオススメに左右されることも多いわけです。

仲介店の営業パーソンも当然ながら「なんとか自分の店で！」「自分が担当して！」「できれば今日中に決めてもらおう！」と画策します。アテ物～キメ物の順で内見プランを組む等して、エンドのお客さんを、クロージングの術中に落とし込み、ぜひ自分のところで決めてもらおうと努力します。

これは当然の話です。せっかく事前メールのやりとりを10往復し、幸いにも来店に結びついて店頭で1時間程度物件をリストアップさせ、2時間かけて3～4件の物件内見をアレンジして同行してあげても、自分が契約の仲介をできなければ一銭も入りません。

営業パーソンも生活がかかっていますから、自分で決めさせることに必死になるし、そのためには嘘や誤魔化しも起こり得ます。

【注意④】「勘定」と「感情」のバランスが大切

大家が自ら仲介業者に話しかける効果も大きいです。私は比較的頻繁に客付業者を回ります。夏の暑いときには相手が比較的時間のある平日に、元気に挨拶しながら仲介店に入り、冷えた栄養ドリンクなどを持参して1人ひとりに配ります。そんなきっかけで客付する仲介営業パーソンの頭の中で、何百とある地域の物件から、私と私の物件とが紐づきます。

物件力を上げて決まりやすくするために設備を追加・更新するという商品力の向上、AD（広告費）をつけるといった報酬設計も大事ですが、同時にこんな地道な関係性づくりも大事です。必要であれば、現金や商品券を渡すのも1つのアイデアです。営業パーソンから領収書をもらわなくても、キチンと記録すれば経費化できます（詳細は取引する税理士さんとご相談ください）。

仲介営業の営業パーソンが「私はこの物件をオススメします！」「この物件の大家さんをよく知っていますが、いい物件ですよ」と実感のこもった一人称で薦めてくれることでお部屋は決まっていきます。やはり勘定（かんじょう）と感情（かんじょう）のバランスが大事と感じています。

【注意⑤】よい経営者はファクト、データに触れ、「なぜだ？　なぜだ？」を繰り返す

データなどのファクト（事実）に触れられる機会は貴重です。SUUMOやHOME'Sやアットホーム等の自社物件のアクセスデータを見る機会があったら、ぜひ見るようにしてください。

仲介業者さんに依頼すれば、見せてもらえるかもしれません。その時点のデータも大事ですし、時間的な推移も大事です。

経営コンサルタントの大前研一さんによると、コンビニの父と称される鈴木敏文さんを要職に起用してきたセブン＆アイグループのオーナー、元日本チェーンストア協会会長の伊藤雅俊さんも、長年、ＰＯＳデータなどセールスのデータを緻密にご覧になり、「なぜだ？　なぜだ？」とやっておられたそうです。

この常に、「なぜだ？　なぜだ？」と考え続ける先に、長期安定した満室経営が待っているのではないかと思っています。

大家さんが押さえておきたいマーケティング10のポイント

次ページに「大家が押さえておきたいマーケティング10のポイント」をまとめています（図表５）。ご自身のお部屋のセールスに参考になさってください。

【図表５　大家が押さえておきたいマーケティング 10 のポイント】

1）**マイソク／物件資料**：マイソクは、自社の物件の特徴を押さえ好感を持って手にとってもらえるような見やすいデザインになっているか？　ＦＡＸで送信しても、文字が潰れずに判読できるか？

2）**自社物件の客付けへの認知？**：自物件は最寄りの客付け業者に認識されているか？　鉄道移動が主力のエリアでは、最寄りのターミナル駅の業者にも留意する。大家が営業訪問するのは効果大。

3）**味方の客付け業者は誰？**：自物件を決めてくれるのはどの業者のどの担当者か？　決定理由は何か？　何か発見はないか？

4）**販路の拡大できないか？**：自物件を客付けしない業者がいるなら、それは何故か？　どうすれば客付けしてくれるのか？

5）**客付け業者の連絡先リストはあるか？**：自物件を認知している客付け業者の担当者連絡先リストはあるか？　そのリストにメールや携帯電話などで連絡できるようになっているか？

6）**市場の反響をウォッチ！**：その部屋は前回いくらの賃料で募集をして契約までに何日かかった？　募集を開始してから、毎日何件の物件確認の問い合わせがあった？　いつ申込みが入りいつ契約になった？　賃料などの条件変更をしたのはいつ？　条件変更で問い合わせ数の変化はあったか？

7) **自分の「お客さま」は誰なのか？**：自物件の入居者属性は？　見込客はどんな人達なのか？　性別・年代・居住地（近隣か遠隔地か）・年収・価値観や動機・興味関心など。

8) **「お客さま」の引っ越し理由は？**：自社の物件に引っ越してくる理由は何か契約時に聞く。自社物件から退去していく理由は何か、解約申込書に記入欄を設ける。

9) **"競合"は誰なの？**：近隣の競合物件は何か？　競合は今いくらの賃料で募集をしているのか？　自社物件の賃料と比較してどうか？　設備や契約条件の差はないか？

10) **そもそもどんな市場で戦ってるの？**：どのようなタイプの賃貸物件が多いか？そのエリアの間取りや広さ、条件のニーズは何か？　そこに需給ギャップはあるか？　レッドオーシャンの中にいないか？　ブルーオーシャンに行くには？

【コラム】私の事件簿②　スマートな起業家の家賃滞納

小さい葬儀会社を起業したばかりの方が入居を希望されました。

非常にスマートな、今どきの言葉でいえば「シュッとした」35歳の男性の方です。弁舌さわやかで、穏やかな笑顔を交えたお話に引き込まれます。彼の言うことには、葬儀ビジネスは高収益。遺族も気が動転しているので価格も他社と比較検討されず、言い値で約定できることが多く、原価が10～20％程度の高収益ビジネスです。

重要なことは、いざ人が亡くなる場面に近くに居合わせていないといけないので、多くの老人ホームと接点を持ち、「老人ホーム向けの小規模イベント・サービス」を無料、もしくは廉価で提供しているとの説明でした。

お若いのに随分としっかりしたお考えだなと感心しました。弁舌も爽やかなスマートな起業家だなと思い、ご入居をお受けしました。

個人事業主に近いので保証会社のサービスも契約いただきました。千葉在住の実母の方が連帯保証人になってくださるとの了解も得ました。

しかし、入居して半年で滞納が始まりました。幸いにも保証会社のサービスを付保していたので、すぐに保証会社と協働しての対処だったので心強かったです。保証会社の取り立て部門の方々は消費者金融のＯＢやＯＧの方も多いようで、無担保の与信供与と少額裁判を活用した回収実務に慣れているようでした。

策士策に溺れる

契約者本人はすぐに連絡がつかなくなったのですが（携帯に電話をしてもいつも留守電）、なんと千葉の実母まで全く電話に出なくなり、実母のお宅に保証会社が訪ねても居留守を使われました。契約当初には連帯保証をすることを明るく快諾いただいたのに……。70歳を超えて、このような非常識な対応には呆れてしまいました。

もしやと思い、その企業名と代表者名で検索したところ、どうも別の商売で内装業ビジネスもやっているようでした。

しかも発注先と思しき大工さんや内装業者から「支払いが遅れている」といったクレームを発見しました。申込みの審査の段階で、別法人の個人名でももっと細かく検索していればと悔やまれました。

結局は賃貸物件からも姿を消し、夜逃げをされてしまったのです。後処理は本当に大変でした。

ここからの学びは「策士策に溺れる」ではありませんが、自分の判断力へ過信は禁物ということでした。私は総合商社や広告会社におりまして、それなりに多くのビジネス分野に一定の知識があるつもりでしたが、その〝過信〟にお恥ずかしながら足をとられました。その後、身内の葬儀の準備をしてはじめて葬儀ビジネスの業界変化を知りました。

ご入居者様が一見立派なことを言っても、きちんと裏取りをしないと、とんだ被害に遭う、と反省しきりです。

第4章　満室の安定的維持のプロセス
～審査・契約・運用

1 Step①家賃決定の難しさ〝相場家賃〟なんて「まるで蜃気楼」

家賃想定・借金返済の土台として最も重要な数値

「想定家賃の査定について」のお話です。新築の場合、難易度が高く重要になります。

大家さんは場合によっては、数千万円〜数億円の借入れをする大きな金銭的リスクを負います。

それでも、すでに建っている物件を購入するのであれば、現状家賃・周辺の競合物件の家賃・空室率などの需給バランスなどのいくつもの変数を織り込んだ、いわば「市場テスト済み」家賃データがそこにあります。

新築の場合は大きなリスクを負いつつ、複数の変数を勘案しながら自分で考えて決めないといけないので、難易度が上がります。

新築を前提に不動産賃貸業に参入する場合の基本的な考え方としては、少しでも高い家賃が得られる賃貸需要のある土地を探して購入します。

先輩方から、「100件マイソク資料ベースで検討し、10件現調し、3件買付証明を入れ、1件買える」等と聞きますが、私の場合はもっと効率が悪く、相当数の土地を検討しました。賃貸人気エリアと実需人気エリアは必ずしも一致しないので、注意が必要です。

ターゲットのハートをつかむデザインや設備を含めた建築プランを想定し、そのアイデアを設計士・工務店に伝えて設計していただいて建築し、積極的なセールス＆マーケティングと快適な住まいのための物件管理を継続し、家賃の低下をできる限り抑えて長期間経営することで、多額＆長期の借入れを安定的に返済していくのがとても重要です。

正確な家賃査定は無理！「決まった家賃が相場家賃」という頼りなさ

家賃査定をする際は、その最寄り駅の客付業者など、近隣の賃貸相場をよく知っているプロの不動産業者に想定家賃を査定してもらうのがセオリーとされています。

リスクを負って多額の借金をする事業主として、家賃を左右する要素は最重要事項であり、当たり前ですが査定家賃算出のロジックはとても気になるところでした。

賃貸物件を借りた経験がある人なら誰でも知っていることですが、賃貸物件には「駅からの距離・部屋の広さ・築年・デザインや設備の違い・方角」など、様々な〝定量的にわかりやすい要素〟があります。

そのエリアで長年賃貸ビジネスを展開されているプロの不動産屋さんを訪ね、その方の家賃査定のノウハウやロジックについて、ちょっと突っ込んで質問してみたことがあります。

どの要素がどの程度まで家賃と関連性が高いのか？　いくつかの要素の組み合わせか？　あまりに変動要素が多すぎて、高い相関性をもって家賃の説明ができないかもしれない？　等々、アイデアが頭の中をグルグルと巡っていたのです。するとﾞ、あまりにあっさりと、そして驚愕の答えが返ってきたのです。

「馬橋さん、そんなの簡単ですよ。決まった家賃が相場家賃なのです」

そんなフワフワしたものなのか！　と本当にびっくりしたことを覚えています。その方の名誉のために言えば、もちろん無責任で適当なご発言ではなく、一定の期間以上当該エリアの家賃相場をウォッチした上での返答でした。

細かく言いますと、彼は同じ商圏の同等の物件がいくらの家賃でポータルサイトに載せており、それがどの程度の期間で決まっていっているのか？　あるいは途中で値下げ等しているのか？　等をウォッチしていました。

長年そのような努力をして相場観を養った上での「決まった家賃が相場家賃」という結論のようです。

同時に「そりゃそうだよなぁ」と納得もしました。ポータルに載っているだけで、駅からの距離・部屋の広さ・築年・デザインや設備の違い・方角……。さらに物件は同じものは2つとありません。これだけ多数のファクターから論理的に家賃が決まっているとは到底思えません。

つまり、新築の大家業に参入することは、売上＝〝相場家賃〟という、〝まるで蜃気楼〟のようなフワフワしたものを返済原資として、土地と建物、付帯費用の合計額の数千万円～数億円の巨額（多くの場合は借金）を投資する事業に取り組むこと。その巨額の借金を長期間返し続けることにコミットするわけなんですね。

改めて「家賃の値決め（プライシング）の原理原則」

「値決め」（プライシング）とはとても重要です。かの稲盛和夫さんも、稲盛経営12ケ条で、次のようにおっしゃっています。

「値決めは経営：値決めはトップの仕事。お客様も喜び、自分も儲かるポイントは一点である――（中略）値決めは、経営者の仕事であり、経営者の人格がそのまま現れるのです」

値決めはマーケティングの４Ｐの１つとして挙げられる重要な要素で、網羅的に語れば本１冊では収まらないほど奥深いですが、あえてシンプルに考えますと、次のとおりです。

①仕入原価に利益を乗せて決める
②競合比較・市況で売価を決める
③顧客にとっての価値を定量化して売価を決める

この３つのどれか、ないしはハイブリッドに勘案しながら新築物件の設計企画をしたり、購入を検討する中古物件の適正価格を計算したり、リフォームの中身を決定していきます。

「②」は誰が見てもわかりやすいロジックであり、一方で成功している大家さんは「③」を意識したバリューアップが上手だなと感じています。

家賃決定は、「最も大事な意思決定」。大家さんは能動的に決定せよ！

もともと土地を所有していた、あるいは頭金として手元資金を多く投入して元利金返済中もキャッシュフローが潤沢にあるので、リーシングを容易にするために、あえて相場家賃より割安に設定し続けるのも〝アリ〟な値決め戦略です。

ここでも重要なのは「事業リスクを負う大家さんがよくよく理解して、能動的に意思決定している」ことなのです。

これだけ不確定要素があるので、アパートメーカーの提携金融機関である農協などからローンを引きながら、標準化・規格化された物件を割高でも購入し、新築時点から家賃保証をつけて賃貸管理、物件管理を丸投げする人が多数いる理由がわかります。

それらの行為は、多額の借金を負う割に投資リターンが下がり、自分が行う不動産賃貸事業の本質が理解できないまま、物件や設備が経年劣化していきます。そして永続的に価格競争のない運営費や修繕費を支払い続けて収益性が下がることに繋がりますが、前述のとおり「自らやる」ことの難易度は高いので、比較検討が必要でしょう。

たまに目にするケースとして、家賃査定とリーシングを全般的にお任せした管理会社が、自社のメリットのために動く場合は注意が必要です。やはり、プライシングは責任者の大家がきちんと理解して、自ら意思決定することが重要です。

ちょっと込み入った説明になり恐縮ですが、実際にあった話をご紹介します。

ある管理会社が、大家さんから家賃査定と管理を専属専任的に一手にうけおい、大家さんに詳しい説明もなく相場家賃よりも安く家賃設定をしました。その物件を新築でも割安という、そのエリアでは珍しい超人気物件に仕立てるのです。

その上で、当時も慣習上は客付業者が１００％受け取る仲介手数料を、当該管理会社が50％要求（これを〝手数料わかれ〟と呼んだりします）しました。

いくら超人気物件とはいえ、客付業者の収益を圧迫する要求に付近の客付業者数社から嫌われてしまい、「あの管理会社の管理する物件は、できれば客付したくないね」と言われるようになり、その管理会社の管理物件は客付のパワーが落ちて、結果的に大家さんにデメリットが生じたそうです。なんともヒドい話です。

答えは市場に聞く！　間違ったと思ったら訂正すればよい

話を戻しますと、このように最初の査定家賃は重要なものの〝フワフワとした幻〟みたいなものなので、人によっていろいろな〝個人的意見〟が出ます。

例えば、「私の20年の経験上、木造の集合住宅では家賃が15万円以上にはなりません」と断言する不動産会社さんがおられました。

ところが、私は木造のテラスハウスで月額家賃は20万円いただいていたこともあります。

「プロの意見」は大きな助けです。ですが、「プロの意見だから」と盲目的に従う必要もありません。

答えは〝市場〟にあるからです。自らがすべてのリスクを負う大家が最終的に決めればよいのです。

「家賃は〇万〇千円でどうだろうか⁉」と考えるならば、その家賃を市場に提示します。具体的には、家賃を値決めして客付業者に案内し、ポータルサイトに掲出して反応を見ればよいのです。ちなみに、値上げをしたければ、値上げした値段で市場に問うのです。何もしなくても何となく家賃が上がっていくことは絶対にありません。客付仲介業者もエンドのお客様も家賃は1円でも安いほうがよいのです。

価格相応の商品に仕立て、値上げした家賃を市場に示し、セールスの最前線にアピールして、初めて値上げに向けて動き始めます。

【注意！】家賃のストライクゾーンは、意外と狭い

お部屋を検討されている一般の方々にとって、家賃はとても大きな支出です。1000円でも2000円でも安いほうが喜ばれます。

「家賃には厳密なストライクゾーンがある」と断言してもよいと思います。

私の経験則上では「相場」から5％くらいズレる（高い）と、いきなり反響（ポータルサイト経由のエンドユーザーからの問い合わせ、客付業者からの内見の申込み連絡等）が激減します。

具体的に言えば、月額5万円の部屋であれば数千円、月額15万円の部屋なら1万円ズレると、ストライクゾーンを外して反響が激減する、という実感があります。そうなると、空室期間が伸び、〝空室損〟～〝本来得られた家賃収入が得られないことによる損失〟がより大きくなります。

また、意図せず相場よりも安く貸し出す場合は、家賃相場と自分が提示した家賃との差額が逸失利益（得べかりし利益）となります。ポータルサイト等に価格提示をして、あまりに早く、複数の申込みがなされるような場合は、「相場よりも安すぎたかな？」と疑うべきです。

できるだけ早く入居を決めるため等、意図して安い賃料で提示しているならよいですが、そうではなく相場を外して逸失利益が出てしまうのは避けたいものです。リスクをとって事業に取り組む大家は「家賃のストライクゾーン」を外せません。

時には下げる判断も。それも「勇気を持って果断に下げる！」

相場は固定的なものではなく、築年による物件力の低下、競合物件の値下げによる市場の変動、需給環境の変化などにより常に変動します。

消費者物価がほとんど変動しない現代の日本においては、概ね「家賃は物件が経年していくにつれて長期スパンでは徐々に低下していく」トレンドが一般的ですが、局所的には工場や大学の転出などで需給が緩んで大幅に相場が低下します。

逆に、駅や巨大ショッピングモール等の新たなランドマークができて、そのエリアの人気が上昇することにより相場が上がる場合もあります。

この「相場」を常に探り続け相場変動に遅れずに対応していくのが、収益を最大化するためには重要な視点となります。

ここは大変重要なポイントなのですが、相場が低下傾向にあると判断した場合は「競合に先んじて、値下げをするならインパクトのある値下げ額で、1日も早く下げる！」ことが大事です。そうすると客付仲介業者、エンドの方々の目につきやすくなり、早く決まります。

値下げの判断は痛みが伴いますが、適時・適量の値下げは早く決まることに繋がり、空室損という出血が減ります。結果、大家の収益を守ることに繋がります。

【成果】10年の家賃下落を2％以下に抑えながら、入居率99％！

本書の執筆にあたり、あらためて10年間の賃貸ビジネスを振り返ったのですが、最初、苦心した家賃査定、そして10年間の市場をウォッチしながらの機動的なプライシング（値上げ・値下げ）により、入居率は約99％程度で推移しつつ、10年間で、家賃下落率は約1・4％（新築時の家賃の98・6％）に抑えることができました！

これは、最初の査定家賃が、（メゾネット型なので、相場というものがなかったのですが）ほぼ物件の価値を示した、高すぎず、安すぎずの家賃設定だったこと。

その後、周囲の同等物件の家賃ウォッチや、空室率の変化を見続け値上げのチャンスでは値上げしてきたこと。300名にも及ぶ仲介業者メーリングリストでのタイムリー&十分な告知によるもの、と思います。

- 市場ニーズに合っていた（近隣に1・5名様物件が少ない）
- 最初の査定が合っていた

・セールス手法
・機敏な価格調整

これらが組み合わさって上手くいったものと思います。

2　Step②契約はフェアな「定期借家契約」が超オススメ！

そもそも「定期借家契約」とは何か？

読者の皆さんは「定期借家契約」をご存知でしょうか。

バブル崩壊後、各種新規マネーを不動産業界に呼び込む必要があり、借主・貸主の「平等でまっとうな」権利と義務を定義したのが、平成12年（２０００年）３月１日から施行された定期借家制度です。

結果、郊外型ショッピングモールのオーナーが契約により積極的になり、各種の外資マネーが不動産業界に入り、現状、賃貸借契約の５％程度は定期借家契約になっているそうです。

私は、国土交通省「定期賃貸住宅標準契約書」を元に、自社の物件に適合した契約書を自らつくり、世の趨勢《すうせい》や法制度の変化に応じてアップデートしています。

現在、ほとんどの賃貸借契約に利用されている普通借家契約は、とても歴史が長いものだそうです。

遡ること80年以上前、「国家総動員法」に基づき1939（昭和14）年に「地代家賃統制令」も発布されて、家賃上昇が凍結された第二次世界大戦＆インフレ経済状況という特殊な状況下で定められたルールです。

「世帯主が戦地に赴いた後に、残された留守を守っていた家族が借家から追い出されることを防ぐ」という目的もあったようです。

興味がある方は深堀りされると面白いと思いますが、とにかく80年以上も前の戦前・戦中の当時に適合したルールであり、当時弱い立場の借主を、とにかく徹底的に守ろうとする理念のもとに定められたものでした。

時代が変わった現代には適合しないケースも多くなっているのです。

定期借家契約は至極まっとうな、公平な契約

30年前のバブル景気のときには、反社会勢力が、借地借家法で定められた「借主の強い立場」を悪用して不当な利益を得たと聞きました。昨今においても、普通借家契約を背景に、次のようなトラブルが頻発しています。

- 家賃滞納（意図的・計画的なものもあります）
- ゴミを決められた日時にきちんと出さない
- 大きな声や騒音を出す

・禁止されている動物を飼う
・禁止された民泊事業を行う

このようなルール違反を繰り返しても、普通借家契約ならば、貸主からの一方的な契約解除はできません。物件に居座るなど、貸主である大家に多大な迷惑をかけて、善良なご入居者様が住みづらくなるケースも見聞きします。

定期借家制度と定期借家契約は、このような極端に不均衡な貸主と借主の立場を平等にし、契約期間が終了すれば必ず解約となる、至極まっとうな制度です。

募集時には定期借家契約である旨も明示されますので、悪意がある入居希望者を避けられますし、借主からの仲介手数料にのみフォーカスして貸主の立場に立つつもりがない仲介業者も、募集の段階で避けることが可能です。

不心得者の入居希望者、客付業者は定期借家契約の物件というだけで避けていきます。

「なぜ定期借家契約なのか」と問われたときは何と言うか？

私はすべての賃貸借契約に立ち会いますが、定期借家契約についての質問があった際には、次のように答えています。

「この契約は更新がなく必ず契約が終了します。あなたのような善良な普通のご入居者様の場合は、私どものほうから１日も長くご入居いただきたいと願いますので、定期借家契約も再契約させていただきます。ですから普通借家契約と何ら変わりません」

「困るのは、注意深く入居審査をしたとしても、万が一の場合は、不心得者が入居しないとも限りません。そうなると、音や迷惑行為であなたのような善良なご入居者様が居づらくなります。その場合でも、こちらから再三改善を申し入れますが、いよいよ効果がないと判断される場合は必ず契約が終了するので、その時点で退去いただきます。つまり、善良なご入居者様の快適な生活環境を守るために、定期借家契約を採用しているのです」

このように説明しており、全員ご満足いただいております。

まだまだ普及率は低いが、これから増える定期借家契約

また、入居時に貸し主から必ずこのような、「善良なご入居者様を守る」という強い意志を示すことで、若い女性を含めご安心いただけます。

同時にご入居者様自身も、「この物件はちゃんとルールを守って住まなければ再契約してもらえず、引っ越しを余儀なくされる可能性があるのだな。ならば、ちゃんとルールは守ろう！」という意識が芽生えることを期待しています。

大家の事業性の観点からも、「再契約料」として更新料相当額も設定できますし、一度契約書をつくってしまえば、貸主・管理会社に大きな負担はかかりません。一部に誤解がありますが、公正証書化などの手続も不要です。

『大家さんと不動産業者のための最強の定期借家入門』（プラチナ出版）の共著者である林浩一さんのような、大家さんの中でも積極的な方もおられます。

普及率5％程度とまだまだ不動産会社、大家、ご入居者様に認知度も普及率も低いものの、ご入居者様にも大家にもメリットがある定期借家契約の理解が広がり、採用が増えていくことを願っています。

契約書には魂を込める。役立つ「ヒント」リスト

私は定期借家賃貸借契約を自分でつくっています。法制度、世相を反映した見直しを常に行っています。ここで、小さなギミックを含め私がつくっている契約書のポイントを紹介します。

①契約書の冒頭、契約者として貸主・借主を記載する項目があります。細かいことですが、ご入居者様を先に書き、貸し主を次にすれば、ご入居者様をわずかでも立てる姿勢を示せます。

②「管理費」ではなく「共益費」と記載しています。以前に植栽が傷んでいるなどの些末な点をあげつらい、「管理がなってないので管理費を払わない」と主張してきたクレーマーのようなご入居者様（たしか在京キー局の社員）がいました。「管理費はいただいていない。共用部の電気代やメンテナンス費用として共益費をいただいている。お住まいの方からのご指摘には真摯に対応しますが、ご指摘は的を射たものではありません」とお伝えしました。

③契約期間中は家賃保証会社への加入が必須で、万が一に保証会社が倒産した場合は、ご入居者様

の責任で他の保証会社に加入してもらう旨が記載されています。これは家賃保証会社が倒産するケースがあったからです。契約時には複数の家賃保証会社の候補を示し、選んでいただいています。

④賃料が振込みの場合、振込明細書等が領収書の代わりとなるため、領収書は発行しない旨が書かれています。毎月の領収書の発行は収入印紙代や無駄な事務手数料を増やすからです。

⑤契約日にかかわらず、賃料発生日を指定します。東京都の城南地域の大まかなコンセンサスとして、基本的に申込みの2週間後に賃料が発生します。これは各種交渉が入ったときには、交渉のバッファ（時間的ゆとり）とすることもあります。とはいえ「1か月フリーレントにしてくれ！」と申込み時点で望まれた場合は、完全に断ります。そうした行き過ぎの要望をしてくる人に対しては、「法律的な決まりはありませんが、このあたりの市場の慣習で2週間後となっています。それ以上を求めるなら、他の物件をあたってください」と伝えています。最初から自分の要求だけ無遠慮にしてくるご入居者様は、入居後も別の形で困った要求をする可能性があるからです。

⑥住居専用の使用のみ、と定義しています。これは消費税の処理に関わります。自分の所有する会社の経費処理上、オフィスとして利用されている方もおられるようですが、住居の場合は家賃には非課税でも、オフィス賃料の場合は消費税がかかります。お支払いいただく家賃が消費税込みか否かで対応が発生することを避けるために、はっきりと「住居専用」と明示しています。

⑦再契約についても定義します。定期借家契約では「再契約料」として、普通借家契約では更新料に相当する金額を明記しています。

優良ご入居者様には更新料（再契約料）を無料にするのも一案

契約書の内容とはちょっと別の論点ですが、契約書上は再契約料１か月を求めているものの、普通にお住まいいただいている優良なご入居者様については、再契約料はいただいていません（ただし、管理会社の再契約に関する事務手数料の数万円と、借家人賠償責任保険代は請求しています）。たとえば家賃15万円のお部屋なら再契約料も15万円なので大きな金額ですが、やはり引っ越されてしまうほうが、大家側には空室損や募集コストなどの支出が大きいのです。できればずっと住んでいただきたい。

〝あなただけの内緒のオファー〟として「あなたは素晴らしいご入居者様なので、今回だけ再契約料は無料です。その代わり事務手数料と保険料だけ払ってください」とお伝えしています。このように伝えると喜んでいただいて再契約してもらえるケースが多いです。

一方で家賃の入金遅れが多かったり、迷惑な行為が何度もあったり、過大な要求が多い不良入居者の方には、きっちり再契約料を請求します。

家賃入金遅れ、振込み忘れを未然に防ぐには

賃料の振込みが遅れた場合、「督促手数料」として税別５０００円徴収する旨明記しています。家賃入金遅れが発生した場合、法定上限金利の年率14・６％の遅延損害金を請求する規定は一般的です。しかし、これでは抑止力にはなりません。

例えば5万円の家賃を1か月遅れて振り込んだ場合でも、金利年率14・6％で計算すると遅延損害金はわずか608円となります。これでは「痛み」もなく、抑止効果は限定的と言わざるを得ません。

私は主に「抑止」の目的で「家賃の振込み遅れが1日でもあった際に、私どもから請求のご連絡をした時点で5000円の〝督促手数料〟がかかります」と契約書にしっかり明記します。また、仲介会社さんがご入居者様に説明する重要事項説明書にも記載いただき、読み上げていただいています。

その上で契約時には、次のように説明しています。

「家賃を期日までに全額払うのは、賃貸借契約の根幹であり賃借人の最大の義務であることはご理解いただけると思います。今までの経験上、家賃を振込み遅れする方は物件あたり、せいぜい1～2名で、その方のために弊社の事務員が午前午後と銀行まで記帳に行きます。人が動けばコストがかかりますので請求させていただきます。督促されることも督促手数料の請求もお互い楽しくありません。督促の連絡がないように、期日までに金額を必ずお振込みください。ぜひともご理解よろしくお願いします。

とはいえ、お仕事が忙しくてうっかり振込み漏れもあるかもしれません。強くおすすめするのは銀行や郵便局が提供している定額自動振込サービスの利用です。取引金融機関はどちらですか？その金融機関ならｘｘｘという名前で定額自動振込サービスを提供しています。ぜひお早めにお手続してください」

前述したとおり、本件は「抑止」が目的であり、これで利益を上げるものではありません。〝事務員が銀行を往復する手間〟を考えれば、督促手数料は1000円にしても10000円にしてもよいと思いますが、「それなりに痛みを感じる金額で、過剰に高くない金額」という観点で、5000円にしました。

10年以上この形式で運用しており、効果的な抑止効果があったと思います。

実際に督促手数料を請求したのは、お1人のみ（2回）。何度忠告しても期日に振り込んでくれない地方の大金持ちの奥様（ご入居者様はお嬢様）でした。

物件自体は気に入って3回も再契約いただきましたが、家賃遅れが頻発している方なので再契約料も満額いただいていました。

督促手数料と設定して、お互いハッピーに

私は、本件以外にも「不愉快な事態の抑止」を目的とした条項や運用ルールをいくつか設定して運用しています。できるだけ「予めスケジュールが読めない緊急事態」を避けることを目的としています。

「家賃の振込み遅れと頻繁な口座確認、督促連絡という、本来は貸主がやらなくてもよい不愉快な事態」を抑止するために、抑止効果が強い「督促手数料」を設定しました。

督促手数料を設定し重要事項説明でも念押しすることで、ご入居者様へ期日までに賃料等をきちんと振り込む、強い動機づけを可能にします。

これで家賃督促というお互い不愉快な「緊急なこと」が減っていくので、入居者様も大家もハッピーになり、さらに大切な「第2領域」に時間を使うことができます。

数十部屋程度の小規模で、家賃の引き落としのみで1件当たり数百円程度の廉価で実現できればよいので、今後そのようなサービスが出てくれば積極的に検討したいとは思っています。

現在でも家賃保証サービスと抱き合わせでのご入居者様の口座から引き落とし（&数日〜1か月弱程度後に大家口座に振り込む）サービスはありますが、家賃保証会社の倒産や家賃振込み遅れ事故を見聞きしているので検討していません。

「騒音」の判断基準も契約書に記載

「音の問題」についても契約書には記載しています。

音を出すことは生活の上で仕方ない面もあり、すべてNGではないものの、周りからクレームが出るまでのレベルであればNGという内容です。

つまり、「あなたではなく、周りにスタンダードがあるのですよ」と定義しています。実際に騒音のクレームが発生した場合の判断基準を予め示します。

「その他、隣室住民、近隣住民からクレームを受けるような行為を行ったり、貸主が不適切と判断する状態を放置したりすること」はＮＧと記載しています。

つまり、私が不適切であると判断すればＮＧであり、改善しなかったら出て行ってもらうこともできる旨を予め示しています。

この部分に抵触する人は今までほぼいませんでしたが、トラブル発生の可能性をできるだけ抑止するために契約書には明記しています。

皆に迷惑をかける闇民泊対策は、厳しい態度で

関係法令が整備され施行されてから、（貸主に隠れて不良入居者が勝手に民泊業を実施する）隠れ民泊、闇民泊は減ったという認識ですが、皆さまの周囲ではいかがでしょうか？

簡易宿所、旅館業の免許を取得した事業は全く問題ないと思っていますが、闇営業は貸し主の立場からは、絶対にやめてもらいたいものです。

自分の物件のオートロックの内部、さらに例えば隣の部屋に見知らぬ外国人が多数出入りするような事態は、そのような環境を想定しなかった他のご入居者様にとっても非常に迷惑な話です。

民泊の利用者はその物件のご入居者様ではありませんし、海外の利用者は文化的背景も異なりますから、設備を乱暴に扱われる場合もありえます。

私の物件では、隠れ民泊を実施していた借主が、民泊の利用者にオートロックの解錠の仕方をきちんと伝えていなかったため、門扉によじ登られてしまい、結果オートロックの門扉を壊され、

100万円以上の修理費がかかった例もありました。

何度か闇民泊をやられて、設備を壊されてしまった反省から、契約書にも様々な文言を加えました。

闇民泊を防ぐために、契約解除の事由として闇民泊を加えています。部屋を民泊として使用することはもちろん、その前段階で「Airbnb」などの民泊仲介サイトへ掲載した瞬間に契約違反としています。

これは以前、「Airbnbに掲載しているけれど、やっていません」と言い訳をする不良入居者がいたからで、そのような言い逃れを許さないために掲載段階で禁止しています。

闇民泊は罰金5か月！　抑止目的で重い罰金を設定

また「民泊をしたら賃料の5か月分を罰金で取ります」という内容にしていますが、これは「適切なレベルで闇民泊の経済的デメリットをつくる」趣旨で、ある程度多額の罰金を設定することにより闇民泊の抑止を意図しています。

「5か月の罰金なら、まあまあ穏当だろう」という大家仲間の会合での議論を聞いて定めたのですが、「5か月が社会通念上高いか安いか」については、今後の民事訴訟の判例などから相場観が決まってくるものと思います。「5か月」が適切でないことが判明したら、それに従って変更します。

これはあくまで抑止が目的なので、入居時には次のように厳しく説明しています。

「あなたのようなきちんとしたご入居者様はおわかりになると思いますが、もし隣の部屋が民泊で大勢の外国人が深夜まで騒いでいたら、あなたやあなたの彼女さんは嫌になりますよね。ですからこの物件では民泊は禁止しています。どうしてもやる人がいるので、抑止の目的で闇民泊をしても経済的に得にならないことを示すために、罰金などの厳しい文言を書いています。あと皆さんにお伝えしていますが、もしも周りの部屋で民泊をしているようでしたら、すぐに教えてください。夜でも直接訪問して現場を押さえ、すぐに解決します。そのご入居者様との賃貸借契約はすぐに解除します」

このように説明すれば、「もしも小遣い稼ぎで闇民泊をしたら、周囲の入居者様が見ているし、すぐにバレてしまい経済的にも損をする。物件からもすぐに追い出されて大変な事態になる」と強く印象づけられます。

連帯保証人による契約解除について（ＤＶによるシェルター避難事件の反省から）

契約者が契約に関して意思表示ができない場合、連帯保証人による契約の解除を可能にする条項になっています。厳密に突き詰めると、判例的には微妙かもしれませんが、あえて入れています。

これは過去ＤＶ事件の関連での不具合が出てしまった反省によるものです。

契約者（50代女性）は従前より占い師・カウンセラー業を行っており、盛業で業容拡大のため私どもの物件の広い部屋をご所望でした。

弊社からは「あくまで住居なので、住居としての利用をメインとし、たくさんの来客がなければ

ＯＫ」として、80平米のお部屋をお貸ししました。その後、次のような事件が起きてしまいました。
①契約者の連帯保証人（契約者の夫）から、「賃貸借契約を解約したい」旨の連絡あり。
②弊社からは、「連帯保証人による解約は認めておらず契約者本人から意思表示が必要」と回答したところ、「本人は現在遠隔地におり、連絡先がわからないので意思表示ができない」旨の回答あり。こちらからは、「いずれにせよ、契約者本人の意思表示が必要」と回答。
③その後、数日して〝契約者のアシスタント〟と称する女性から、「契約者は夫からＤＶを以前から受けており、新たなＤＶを受けて、急遽警察が用意したシェルターに入った。携帯電話も警察にあずけているので連絡がつかない。契約者に対し夫は、「賃貸借契約を解約して別居状態を解消するよう、刃物をつきつけて脅したようだ。警察からも止められているので、自分からこのような連絡があったことは、連帯保証人（夫）には伝えないでほしい」旨の連絡あり。
④その後、数週間して当アシスタントから、「契約者は警察ともやりとりしているが、いつシェルターから出て来られるかわからない状況。申し訳ないが賃貸借契約を解約したい。残置物は有償でよいので処分してほしい」旨の連絡あり。文書に記名捺印して解約申込書を出状してもらうことに合意いただいたので、解約処理を行った。
上記のケースでは、契約者と連帯保証人の利害が必ずしも一致しない可能性があり、基本的には契約者の意思表示を最優先させるような運用が必要ですが、この事件の反省で、「賃貸借契約の本人から意思表示ができないことがあり得る」と認識し、このような条文を設定しました。

3　Step③　入居審査は「守るものがある人」を選べ！

入居審査にも「魂を込める」

入居希望者から申込書が提示された段階で、まず自分が関連情報をチェックします。

申込書には「現在お住まいの物件の住所」「現在の家賃」「引っ越し理由」などが含まれます。入居審査を管理会社におまかせしている大家さんもたくさんおられますが、私は「これから大家として、少なくとも数年の期間でお付き合いすることになるご入居者様かもしれない」ため、自分で注意深く拝見します。

勤務先の住所やＨＰ、現在お住まいの物件（所在地・家賃・広さ）、引っ越し理由、連帯保証人のお住まい勤務先、勤務先のＨＰなども確認します。特に勤務先については、どのようなお仕事で、どのようなライフスタイルになりそうなのかを想像するようにしています。

親御さんがご高齢で年金受給者だとしても、連帯保証人は親御さん（多くはお父様）になっていただくようにお願いしています。

それは、家賃振込みの度重なる遅れの是正やゴミ出しや生活音のルールの遵守をお願いするケースで、本人に伝えても一向に改善が見られない場合、まずは連帯保証人様に味方になっていただき、是正を働きかけるからです。

〝賃貸借契約書の連帯保証人〟は、契約書に定められた賃料支払いという債務以外に、契約書に定められた、様々な賃借人（借主）の義務（契約上の債務）も連帯して保証する立場なのです。

そして、「なぜこの方はこの物件に住むのか」というシナリオがはっきりしない人は基本的にお断りするか、かなり注意して審査をするようにしています。場合によっては後からトラブルに発展する可能性があるからです。

入居審査での「守るものがある人」とは

経験豊富な弁護士先生、司法書士先生も仰っていますが、入居審査では「守るもの」がある人を選びます。具体的には、きちんとした仕事がある人を意味しています。誰でも知っている有名な会社に勤めていれば理想です。

アルバイトや会社を起業したての方が、ご入居者様としてよくないとは必ずしも決まっているわけではないのですが、「守るもの」がない人ですと……私の経験則上それだけリスクが高いと感じます。

ですから、名前が知られているような一定以上の歴史のある企業の、一般的な勤め人の方なら、何か賃貸借契約でのトラブルがあった場合、そのことが職場に伝わるとまずいと感じるほうがいろいろな抑止も働くのでリスクが低いと言えます。

一方で、20代前半の起業間もない方で企業勤務の経験がない方、日本に親戚縁者がおられず文化的なバックグラウンドが異なる外国籍の方、その物件に引っ越してくる理由が判然としない方、ご入居希望者様ご本人に十分な収入がなく親御さんが家賃負担をしている方、急成長しているイケイケの企業の方、景気変動をモロに受けそうな飲食や広告領域の小規模ビジネスの従業員の方は、審査をかなり慎重に行います。

1つのお部屋に同時に申込みをいただくような場合においては、リスクの多寡によっての優先順位を決めています。

申込書の文字の記入の丁寧さ、申込書の記載項目に抜け漏れがないか、身分証明や収入証明などのエビデンスをタイムリーに送ってくるか否か、審査のために様々な追加質問をしたときの反応の速さなど注意深く見ています。

もちろん、大企業にお勤めでも社会人として基本的なルールが守ることができなさそうな方の入居もお断りします。

「契約日であっても入居お断り」の覚悟で

私は数年間で500人以上の内見立ち会いをしましたが、あまりに横柄な態度の人には、内見の時点で「あなたに貸す部屋はないので、すぐに帰ってください」とお断りしていたこともありました。

中には契約日にお断りしてお帰りいただいたこともあります。

ある入居希望者の方が審査を通過し、入居一時金も事前に全額振り込んでいただきました。いよいよ契約の日、その方が大幅に遅刻したのに事前連絡も謝罪の言葉もなかったので、お帰りいただきました。

もちろん振り込んでもらったお金はお返ししました。後で聞いたところ、先走って引っ越し業者まで手配していたようで、その後は大変そうでしたがこちらが関知することではありません。

こちらにしても他のお申込みをお断りしていたので機会損失になりましたが、ここまで慎重になるのは、結局、このような人を入居させると、大家や管理会社の「緊急かつ重要でない」仕事を増やすからです。

入居してから、家賃振込み遅れ・ゴミ出し違反・騒音や汚臭などで、他のご入居者様に迷惑をかける人への対処は、できるだけ避けたい「緊急かつ重要でない」仕事です。

「そちら（地場の客付業者）は客付のタイミングだけの付き合いかもしれませんが、こちらはご入居者様とは数年の付き合いになるので、より慎重になることはご理解いただきたいです。

また、その入居希望者とのご縁は、ご入居いただけなければ、正にこの一瞬だけ、ご入居いただくにしても、せいぜい数年。一方で……地場の客付業者様と私ども貸主のご縁は、この地にこの物件があり、私どもが大家である限り、10年20年とずっと続きます。

その意味で長いお付き合いになるので、ぜひとも持続可能な取引をしていきましょう。目先の仲介手数料がほしいということは当然理解できますが、ご入居いただいてからトラブルが起きそうな入居希望者の申込みは、お互いのために、できるだけ取り繋がないでいただきたいです」

地場の客付業者さんには、このようにご説明してご納得いただいています。

ご入居者様にいったん鍵を渡して部屋を専有させると、どれほど不良入居者で出ていってもらいたくても「同意できません！」と断られたら、占有は解けず、部屋を明け渡してもらえません。そうなると裁判して明け渡し命令を受け、強制執行でしか明け渡しをお願いできません。

仮にゴミ出しのマナーが守れない人や、大きな音を立てる不心得者がいると、周囲の善良なご入居者様たちが長期間に渡って迷惑を受けることになり、場合によっては１日も長く入居頂きたいその善良なご入居者様から退去されてしまいます。

実際にそのような不幸な理由での退去も何度もありました。そうなると大家の被害は甚大ですので、本当に慎重に考えています。

大家に必須の知識……「信頼関係破壊の法理」を知っていますか？

大家や管理会社は、ひとたびご入居者様として受け入れて占有が開始された場合、普通は数年の付き合いが続くことになります。

「悪意の滞納者であっても、３か月程度は家賃を滞納しないと裁判を経た契約解除も物件からの退去の強制執行もできない」

このような話を耳にしたことがあると思いますが、これは日本の法理（判決の根拠）で「信頼関係破壊の法理」という原則があるからです。簡単に説明すると、次のような内容です。

「賃貸借契約は、高度な信頼関係が礎になる継続的な契約なので、信頼関係が破壊されていると判断されなければ、契約者の一方である貸し主から賃貸借契約は解除できないし、当然のことながら物件からの強制退去もできない（強引に鍵の変更などした場合は、自力救済にあたってしまい、近代法治国家では犯罪ないしは不法行為にあたる）。信頼関係の破壊とは、例えば1か月程度の滞納では破壊されたと判断されない」

つまり「契約書に捺印して鍵を渡して部屋に入居（占有）させる＝大家として、そのご入居者様と信頼関係を結んだ」と第三者から解釈されるのです。

部屋の鍵を渡す……これは単なる商行為を超えた、とても重い判断をしたことになります。「大家と言えば親も同然店子と言えば子も同然」はもはや死語ですが、信頼関係破壊の法理は重い義務としてのしかかります。大家は、信頼関係を結べない人を入居させてはいけません。

それくらいの気持ちで審査や契約をすべきです。少しでも疑念が湧いた場合は、契約書に捺印してはいけませんし、鍵を渡してはいけません。いつもそのような覚悟で契約に臨んでいます。

管理会社との協業のスタンス「ＯＮＥ　ＴＥＡＭ」での事業運営

勤め人をしていないときの私は、自主管理と管理会社管理のハイブリッドで経営しており、週1～2回は管理会社に赴いて、1～2時間程度打ち合わせをします。

清掃や修繕などの物件管理は自主管理を行い、賃貸の客付業者対応、契約の実務などは管理会社に有償で委託しています。

「ここ1週間で何かお気づきの点はありましたか？」

「募集をかけて1週間で何件くらい反応ありましたか？」

「申込みは何件ありましたか？」

このような確認や、退去の連絡が来ていたら次のテーマを話し合います。

「次は家賃をいくらにしましょうか？」

「クリーニング・小修繕の業者さんは、いつ作業に入って、いつレントレディ（賃貸開始可能）になりますか？」

「今後どのようにしていくとリーシング力が上がり、入居の長期化、家賃アップにつながりますかね？」

これはあくまで一例ですが、管理会社は物件の経営チームであり、同じチームメイト、ONE TEAMとして自分と同じ方向を見て動いてくれるように促していく必要があります。

自分の物件の特性をわかってもらい、どういうアピールが効果的なのか？　あらゆることを共有し、管理会社と良好かつ密接な関係を築くのが非常に重要です。

不動産賃貸業の3つのCを理解する

自社物件の「3つのC」を理解し、大家のビジョンに共感してもらえれば、現場を知り、常に客付業者やご入居者様とも接している管理会社の方々から、実践的な提案や知見の発見の報告をいただくことができ、より収益性の高い賃貸経営につながっていきます。

ここでいう「不動産賃貸業の3つのC」とは、マーケティングの基本的な考え方の1つで、自分の不動産賃貸業を取り巻く環境を分析するためのフレームワークです。

具体的には次のように、ご理解ください。

◯「当該エリアの賃貸市場や顧客（customer）」

自分の物件を選ぶ可能性のある入居希望者は、どのような層（性・年代・収入等）であるか？その賃貸市場の規模感、これからの成長性、変化する顧客のニーズ、潜在的な顧客

◯「競合物件（competitor）」

モロに競合する物件や潜在的に競合になりそうな物件の数（規模感）、競合物件の内容、サービスの違い、強みや弱み、大家の属性（地主系かファンド系か投資系の大家系か等々）

◯「自社（company）と自社の提供する物件」

自社物件の現状分析、投入できる経営資源（カネ・モノ・ヒト）、差別化要素、リーシング・セールス力

決して特別な難しいことではありません。まずは手元にあるデータや情報から見ていくのが大切です。

【注意！】保証会社には倒産リスクあり。リスク回避の工夫について

保証会社について留意しておきたいのは、保証会社も倒産することです。２００８年に当時大手の一角である「リプラス」が倒産したのは記憶に新しいのではないでしょうか？　２０２０年も、さる保証会社の保証賃料振込み遅れが発生したと名古屋の大家さん仲間から聞きました。

保証会社には当然のことながら倒産リスクがあります。保証料は一定程度の家賃滞納率を前提に決められているわけですが、それを大きく上回る滞納が発生すれば、保証会社は倒産してしまいます。

審査が甘すぎる、保証料が低すぎる保証会社は倒産リスクが高いと言えます。保証会社の安全性は外部からでは皆目わかりません。

私の場合、ご入居者様が保証会社に加入してもらう際に2〜3候補を提示してもらっています。同時に、「もし選択された保証会社が倒産したら、もう一度加入していただきます」と説明しています。ご入居者様には保証会社を選んでいただいた上で倒産リスクを負ってもらっているわけです。

ちなみに、保証会社の保証料の3〜5割程度は、保証会社サービスの販売代理店の手数料として、客付業者に支払われることが多いようです。

私は、不動産賃貸業に関わる手数料商売はすべて手にする意図で、ご入居者様向けの少額短期保険（共済）の代理店、ＮＴＴの光ファイバー回線の取次代理店と並んで、賃貸保証会社の代理店も何社かしていたことがありますが、かなり審査が緩いところが多かったという印象があります。

保証会社を1つに絞って提案すると、もし倒産したときに「あなたが代理店として指定した保証会社が倒産した」と責任を問われる可能性があります。そのリスクを避けるため、複数の保証会社から選んでもらっているのです。

保証会社によっては家賃以外にも、退去時のクリーニング費用や修繕費用、孤独死発生の場合の付帯費用までカバーされているケースもありますので、保証会社の健全性以外にもいろいろ検討してみることは重要だと思います。

【コラム】私の事件簿③外国人をご入居させること、とは

不動産賃貸業にとって、空室は頭の痛い問題です。総務省統計局の最新の「住宅・土地統計調査」(https://www.stat.go.jp/data/jyutaku/2018/pdf/g_gaiyou.pdf）によれば、統計開始以降空き家率は一貫して上昇しており、平成30年（２０１８年）13・６％と過去最高を記録しています。

この理由は様々で、色々な先輩方が様々な分析を試みていて、様々な解釈がありますが、大家業にとっては「供給過剰気味な市場」「市場によってはレッドオーシャンになりやすい」ことは間違いありません。

これに対し、セオリー的には競争相手の少ない市場である「ブルーオーシャン」を目指すわけですが、不動産賃貸業の場合は選択肢が限られています。物件の所在を動かすこともできませんし、部屋を劇的に変えることは大きなコストがかかります。

現実的にはご入居者の対象を、「外国人」「独居の高齢者」「ペット帯同」等、様々な理由で供給が限られてきた分野にまで広げることを考える大家さんも少なくないと思います。私も将来の状況変化に備える意味で、まだ経験が浅い大家でしたが、思い切って外国人のご入居者を受け入れることにしました。

日本語がわからない米国人

外国人で困った経験もあります。私は商社に在籍していたので、英語でのコミュニケーションは問題なくできますし、米国を含めた外国のカルチャーも理解している自負はありました。

ある物件の新築時に、外国人専門の客付業者さん経由で、米国人の入居申込みを受けつけました。当然、日本に親戚がいないので連帯保証人はおらず、日本語も話せません。今は外国人にフォーカスした、多言語対応とトラブル初期対応をしてくれる優れた保証会社もあるようですが、当時は日本語が話せない外国人向けの適切な保証会社がなく、保証会社サービスを付保しない契約になってしまいました。

その人は米国籍で、米軍の横須賀基地に出入りする民間のＩＴエンジニアでした。20代後半の金髪碧眼のイケメンです。契約のときは日本人の女性の友達を連れてきて、通訳をしてもらっていました。宅地建物取引士からの重要事項説明も通訳を介してすべて聞き、受け答えも好印象でした。

ところが、入居してからすぐに周囲のお部屋からクレームが発生しました。なんと、毎晩のようにパーティー三昧で大騒ぎ、とのこと。特に金曜日は夜通しで朝まで騒いでいたそうです。

何度も客付業者さん経由、直接でもクレームを入れました。そのときは「気をつけます」と返信があるのですが、しばらくすると再燃します。

幸いにも（？）その後1年ほどして、急に解約したいと申し出てきました。契約時に提出してきた収入証明がドル建てだったので推測ですが、急激に為替が円高に振れたこともあってか、家賃を節約する意図で横須賀のほうに引っ越すようでした。

ウェイ系外国人の騒音問題に悩む

隣室の音のクレーム対応は注意が必要です。その場で実際に聞くことは中々難しくて、どうしてもエビデンスは「主観が中心」になります。一方、音を出している入居者は自分では自覚がないことがほとんどです。

幸いにも客付業者さんは外国人専門だったため、私の代わりにこのパーティー好きな外国人と対峙してくださったのですが、大変な思いをしたことでしょう。

前述したようにいくら注意を促しても繰り返し、左右のお部屋どころか上下階からもクレームが出るようになりました。

世の中には、人が社会生活をする限りは音に関しても影響は多少なりとも与えあっているものであり、お互いに合理的な範囲内においては受忍すべき、という「受忍限度」という考え方もあり、主張が対立しやすく厄介です。

建築士の方にも聞いたのですが、建物内の音の伝わり方はまだ解明されていないことも多いらしく、音の発生源も常に正確に特定できるとは限りません。木造アパートはもちろんのこと、ＲＣ造のマンションであっても、隣室の音が響くことはあります。

とにかくこのウェイ系米国人の若者の音のクレーム対応には苦慮していたので、退去してくれるとのことでホッとしたのですが、実はこれから大変なことが待ち受けていたのです。

恫喝してきた外国人入居者

契約に定められた退去立会いの約束を事前にして日時も再三確認しました。しかし、当日には現れませんでした。

その人の使った部屋は、荷物はすでに運び出し済みでしたが、床から壁まで酷い状態になっていました。備え付けの照明がなぜか紫色になっていたのはまだよいとしても、たった1年しか住んでいないのにも関わらず、フローリングの床は傷だらけです。トイレもお風呂もほとんど掃除をしていない状態のようでした。

仕方なくクリーニング・修繕業者と見積もりをした結果、修繕費・クリーニング代が積み上がり、敷金相当にまで達してしまいました。そのため「破損・汚損が酷いので修繕費・クリーニング代が積み上がった結果、敷金は返せません」とその仲介会社を通じて伝えました。

すると、その米国人は逆上し、「お前（仲介会社）は私のエージェントだろう。その仲介会社が敷金を返せないとは何事だ。仲介会社のホームページを、コンピュータウイルスを使って破壊するぞ。口コミサイトで悪評も書きまくってやる！」と、ＩＴエンジニアらしい、ただしお門違いの脅しをしてきたのです。

自分がさんざん迷惑をかけた挙げ句に約束した日時も守らず、さらに真っ当な請求に対してお金の支払いを拒否して脅しをかけてくるなどもっての外です。

私はさっそく、その客付仲介業者さんとともに管轄の警察署を訪問し、賃貸借契約と脅しのメールを持参して相談しました。同時に、仲介会社から次のように連絡してもらいました。

「大家や周囲のご入居者様に迷惑をかけ、大家との約束も守らず、真っ当な請求に対してお金の支払い拒否をして脅しをかけるとは言語道断。さっそく管轄の警察署に相談し、賃貸借契約書とあなたの身分証明書やＩＤを警察に提出した。これからあなたの勤務先の米軍の横須賀基地にも相談する。そちらに問い合わせがあるかもしれないので覚悟しておくように」

その後は連絡が途絶え、敷金は一銭も返さず、そのお金で修繕しました。このときに私が学んだのは次のことです。

・結局、日本に親類縁者がおらず、日本において根無し草とも言える外国人が仮に不良入居者化したら、手がつけられず非常に困る。
・日本にいる外国人は一定以上の収入があることも多いが、いくら言葉でコミュニケーションができても、文化的な背景を共有できない外国人との契約は、できるだけ避けたほうが無難。
・そもそも日本語を話せない外国人にお部屋を貸すのはハードルが高い。一定以上の解決力があるという自信、時間と気力が必要。その覚悟と準備が無い場合はやめたほうがいい。異文化交流に好んで取り組む大家さんであれば、チャレンジしてもいいかも。
・今回の場合、明確な勤務先情報、身分証明書やＩＤなどの「本人にとって守りたいもの」がかろうじてあったから、迷惑は受けたが、なんとか損害を受けずに済んだ。

外国人がすべてＮＧではない。ここでも「守るもの」があればＯＫで

外国人の方々とは言っても、もちろんいい人がほとんどです。他の物件の他のお部屋にお嬢様と住んでいた女性は、長年日本に在住で日本語も極めて流暢。外国籍で在留許可証を持ち、別の国籍を持つ娘さんと暮らしていました。

入居申込時には日本に住むご親戚を連帯保証に立て、収入証明を出した上に、自発的に日本の銀行預金通帳の長期間のコピーまで提出してこられました。かなりの残高が継続してありました。契約時のやり取り、雑談（の体裁を借りた面談）でも全く違和感はありませんでした。

彼女は常に家賃の振込み期限の10日前に入金していました。４年間くらいお住まいいただきましたが、一度も入金が遅れることはありませんでした。

もしかすると、外国籍の方々は借りられる部屋が少なくて苦労された経験があり、問題を起こし

てこの物件に住みづらくなるのを避けたのかもしれません。

ですから外国籍の方でも「守るもの」がきちんとあり、日本社会の価値観が共有できる方であれば問題ないですし、何か起きても解決の糸口があると思います。

慎重な審査は「第二領域」の重要なこと

このような経験から、入居申込みが入った段階で管理会社のご担当者には、収入証明は当然ですが、申込者の現在の物件の資料……勤務先情報（ＨＰや社名での検索）、ツイッター、Facebook等のＳＮＳ・親の職業・エゴサーチ（お名前での検索）・現在お住まいの物件とその写真（Googleストリートビューでチェック）・収入証明書などを調べてもらい、一次的な評価コメントを付記していただいた上で、データと写真、ＵＲＬを貼って送ってもらうようにしています。

審査やスクリーニングに十分に手間と時間をかけて、きちんと入居審査をすることは、第３章で紹介した書籍『７つの習慣』の言うところの、第２領域の「緊急度は低いが、重要度が高いことに注力する」の１つと感じています。

自分の周囲に起きるいろいろな事象を能動的にコントロールし、充実した毎日を過ごすため、自分や関係者のよりよい成長や心豊かな人生を実現するために、とても重要な時間投資と思っています。

第5章　大家に必要な自主管理マインドとリスク分析

1　大家業をやるにあたって認識すべき重要なこと

自主管理マインドを持つ

自主管理とは、ご入居様対応（契約時の各種事務処理対応・家賃入金確認・サービスリクエストなどへの対応）、客付業者へのマーケティング・リーシング活動・入退去整備・物件メンテナンス管理などを、大家が自ら行うもの、というのが私の解釈です。

遠隔地の物件を保有している方や、勤め人をしている兼業大家さんは時間の制約があって難しいですが、ある程度の家賃収入がある大家さんや、2代目、3代目の大家さんで自主管理をされている方は多いと思います。

ここでいう「自主管理マインド（オーナーシップ）を持つ」というのは、実際に自らが物件に足を運んで作業ができなくても、「この不動産賃貸業（大家業）の最終責任者は大家である自分！」と自覚して、あらゆる判断と行動を能動的に自覚的に行うことだと私は考えています。

大家さん・不動産賃貸業の本質は、「毎月、ご入居者様から多額の家賃をいただいて、（借金があれば元利金を返して）、OPEX（Operating Expenditure・管理会社への管理費・運用経費・固定資産・都市計画税など必要経費）を払って、将来のCAPEX（Capital Expenditure：修繕や設備投資）に備えてお金を残し、最後の最後に残った利益、キャッシュフローをいただく」商売と言えると思います。

すべてのお金の流入元は「ご入居者様」であり、そのご入居者様を知る、ご入居者様を連れてくる仲介を知ることが重要であるのは言うまでもありません。物件を買って誰かに任せて終わり、ではないのです。

心配り・目配り・迅速な支払い。そして「自分の目で見る、触れる」

自分の物件に起きた最終責任は、すべて大家＝経営者である自分にあります。ご入居者様とのトラブルや建物・設備のトラブルは、自らが迅速に対処して解決することが第一義です。

遠隔地投資で、どうしても管理会社を起用する必要があるケースも多いでしょう。ただ、その場合に仕事をお願いする管理会社・工務店・各種職人さん・クリーニング業者などは、あくまで「自分が本来やるべき業務の委託先」であり、大家は各プレイヤーが気持ち良く・質の高い仕事を遂行できるように、心配り・目配り・迅速な支払い等を行う義務を負っています。

遠隔地物件の自主管理は難しいとしても、せめて「自分の物件を自分の目で見る、触れる」ことを定期的に行うのが大切ではないでしょうか。

共用部の電球切れや蜘蛛の巣は悪印象を与えます。監視カメラや写真報告でわかったような気になるものですが、実際に目で見て触れてみてください。雰囲気や匂いなど、本当に様々な情報があります。

それこそご入居者様はその物件に住み、毎日目で見て触れ、雰囲気を感じ、匂いをかいでいます。同じ立場で接することが大切と思います。

日々の実際の作業やアクションは工夫して、どなたかに委託してもよいと思いますが、ぜひ定期的に「自分の物件を現地で見る・触れること」は重視していただきたいです。

「人任せ」「人のせい」は、本当に危険！

あまりたくさんおられないことを祈りますが、「何でも人任せ」「何でも人のせい」「自分は一切手を動かさない・汗をかかないのは当たり前」と思っているような〝大家として致命的勘違い〟は、後に重大なトラブルへ繋がる可能性もあります。

今まで長年、そんなスタンスでトラブルがなかったのなら、それは単なる幸運か、自分の置かれたシリアスな状況が理解できていないか、もしくは周囲の方々の献身的なサポートで奇跡的に支えられていたのかもしれません。

別の話として、自主管理が可能なら金銭面でのメリットも大きいです。私が尊敬してやまない大家さんの1人である川村龍平さん（『東京築古組』主宰）もよく警鐘を鳴らしておられますが、「管理費は僅かな支出では、決して、ない！」のです。

川村さんがおっしゃるには、まず家賃（収入）から控除せざるを得ないものに、銀行への元金・利息の支払い、都市計画税・固定資産税などがあります。これらの支払いを控除した、「大家さんの手残りのキャッシュ」に占める管理費の割合は、実はかなり大きなものです。

物件・融資額や融資条件にもよりますが、管理費が手残りキャッシュの10〜30％にも及ぶ場合があります。そうなんです。管理費はかなり多額な経費なのです。つまり自主管理によって管理費を合理的に下げられたら、現金の手残りをかなり増やせることを意味します。

もちろん単純に管理費をケチってご入居者様へのサービスレベルを下げてしまい、その後の退去の原因になるのは本末転倒ですし、遠隔地のため自らが物件に赴けないなどの地理的な制約がある場合は、管理のかなりの部分を依頼する必要がありますので、ご自分に合った関わり方を設計されてはと思います。

管理業務を一通り自らが行うことで、「賃貸管理に関わる個々の業務」を総体的に理解できます。そうすれば、個々の作業を有償で委託する場合の、業務の定義や値ごろ感の把握ができますし、自主管理マインド（オーナーシップ）を醸成でき、得るものはとても大きい、というのが実感です。

管理業務はお客様を理解するチャンス

管理業務は多岐にわたっています。

例えば国土交通省「賃貸住宅標準管理委託契約書」（https://www.mlit.go.jp/common/001228954.pdf）によれば、次のように書いてあります。

①「契約管理業務」（入居者との契約面の折衝。トラブル・クレーム対応、入退去の手続き）

②「清掃業務」（共用部、外構の雑草取りなど、清掃箇所は多いです）
③「設備管理業務」（建物や設備などの点検・管理業務）
東京の一部地域のローカルルールかもしれませんが、①で総賃料の5％程度を請求され、②や③は別途の作業フィーを請求されます。

一見すると煩雑に見えるので「誰かに頼みたい！」と考える大家さんも多く、そのニーズに応える管理会社も多いでしょう。

すべてを任せた結果、「完全に人任せ」状態に陥りやすいのも事実です。私の場合は①〜③まですべて自分でやってみて、勘所を理解したうえでフィーを払って様々なプロにお願いしています。

工夫をすれば、自分がもっぱら行う業務は、自主管理的な関わり方をしても、実働は週に数時間程度に圧縮することも可能です。特に①の「契約管理業務」が煩雑に見えますが、一方で自分にお金を払ってくれるお客様をきちんと理解するチャンスでもあります。マーケター出身の私としては、とても大事な顧客接点と実感しています。

2 賃貸経営「4つ」のリスク分析

「リスク」とは何か？

賃貸事業のリスクについて考えてみましょう。私たち大家は、多くの場合借金のレバレッジをか

【図表6　借金大家さんの４つのリスク対応:「回避」「軽減」「移転」「保有」】

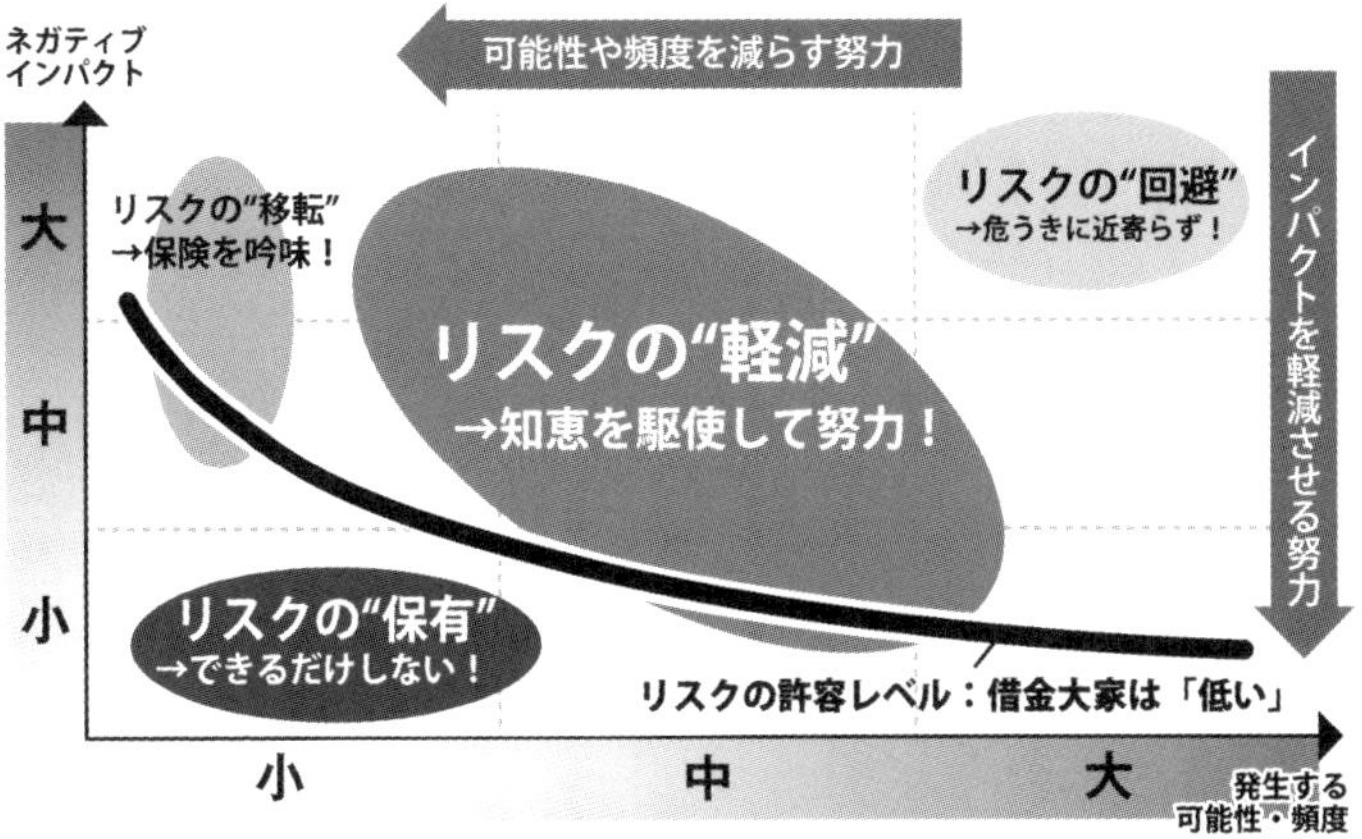

多額の借金を負う大家さんは「リスク許容レベル」が低く、「リスク保有」は避ける！

けて事業を行っているケースが多く、言わば〝借金大家さん〟です。

借金大家さんは、借金が返せなくなって経済的に破綻することは絶対に避けたいですよね。私はリスクをできるだけ把握するようにしています。

①リスクの特定

自分の賃貸事業の目的達成を助ける、又は妨害する可能性あるリスクを発見すること。具体的に認識すること。そして記述すること。

②リスクの分析

リスクの規模や発生確率を含め、リスクの性質及び特徴を理解すること。

③リスクの評価

リスク対応をする・しないを決めること。対応の選択肢の決定すること。さらなる分析を行うこと。

このような把握をしてから、「対策」を検討、実施します。

リスクマネジメントの国際標準規格ISO31000などにも定義されていますが、「リスク対策」には大きく分けて「リスク回避」「リスク低減」「リスク移転」「リスク保有」の4つの対策法があります。

この4つの対策法について、次項から順に具体的に解説していきます。借金をして物件を買う「借金大家さん」は、リスク対策に敏感になったほうがよいです。

「リスク回避」

リスクを生じさせる要因そのものを排除します。大家サイドが取れる、最も効果的な選択肢は「回避」です。君子危うきに近寄らず、ですね。

例えば、少しでも滞納やクレームが起きそうな入居希望者は、申込みの段階で謝絶して自分の物件に入居させないのは、この「リスク回避」にあたります。物件に相当な競争力があり満室状態が続いてるなら、「ちょっと危ないな」と感じる入居者はお断りできます。

ただ、現実には理想的な状況ばかりでもないので、その「危ないかもしれない入居希望者」のリスクの程度を測りながら「回避する」(謝絶する)か、「リスク移転」などの他の対応も併せて検討することになります。

「リスク低減」

そのリスクの発生可能性を下げる、もしくはリスクが顕在した際の影響を小さくする、あるいは、それら両方の対策をとることです。

例えば滞納リスクを減らすために、若干高額でも口座引き落としサービスを導入する、契約時に金融機関が提供する「定額自動振込サービス」への申込みを強く促すなどです。

私たちは、この「定額自動振込サービス」の導入を促すために、家賃振込みの遅れに際しては、やや高額な督促手数料（税抜５０００円）を設定しています（この督促手数料で儲けるつもりはありません）。

ご入居者様は、「うっかり振込みを忘れて督促されて５０００円を払うリスク」と、「自動振込サービスを申込む手間」＆「毎月１００～２００円程度の自動振込手数料の負担」とを比較してもらいます。意外と多くの方が自動振込サービスを申込むようです。

このことは、ご入居者様にとってもリスク軽減になる、とも言えます。こちら側で人為的に少し大きなリスクをつくり出し、その「リスク低減」の形をとって意図した行動を起こしてもらうきっかけをつくっています。

「リスク移転」

リスクを自分の外に「移転」します。建物全体の火災保険、地震保険などは、正に保険を買うこと（契約すること）によって、お金を払って保険会社にリスクを「移転」しているわけです。

他のケースでは、保証会社から保証サービスを買うことです。

先に保証会社の倒産や振込み遅れの事例、客付会社・管理会社が保証会社の代理店になるリスクやご入居者様に複数の保証会社から選んでもらうことについてご説明しましたが、ここではもう少し詳しくご説明します。家賃がキチンと振り込まれないリスクを外部に移転するために、保証会社から保証サービスを買う方法があります。

ただ、これは家賃の0・5～1か月相当と、それなりに高額な保険になります。大家が自腹を切って保証サービスを買うことも選択肢の1つですし、入居時の前提条件としてご入居者様に負担いただく場合もあり得ます。

ご入居者様、大家いずれかが家賃保証会社の保証料を負担するにしても、頭が痛いことに、保証会社が倒産してしまうリスクがあります。過去に何度か保証会社が倒産したり経営悪化したりして、家賃の振込みが遅れるケースもありました。

意外と広く意識されていませんが、保証会社の保証サービスは、かなり高額な「代理店手数料」を、客付仲介会社や管理会社に支払っています。当然、手数料欲しさから、「この保証会社でお願いします」と指定していることが多いです。

代理店手数料をくれる先を取引先に指定する、というのは商売上の観点から理解できますが、その指定された保証会社が倒産してしまった場合、ご入居者様から「あなたが指定した保証会社が倒産したのだから、あなたの責任とコストで同等の保証サービスに加入してくれ」と要求される可能性がある、ということを意識しなければいけません。

私たちはそのような煩雑なリスクを負えません。

ですから客付仲介会社、管理会社には、幾つかの保証会社と代理店契約を締結して手数料が入る仕組みにしておいてもらいます。

そしてご入居者様には「保証会社はこの幾つかの候補の中から選んでください。仮に選んだ保証会社が倒産したら、ご入居者様の費用負担で別の保証会社に入っていただきます」と重要事項説明でも説明しています。

保証会社倒産のリスクもご入居者様に「移転」しているとも言えるかもしれません。非常に細かいですが、自分がうっかり薦めた保証会社が倒産して、慌てて他の保証会社を起用したり費用負担で揉めたりするような「緊急」の事態を予め封じておくことにしています。

「リスク保有」

リスク保有、とは、特に対策をとらず受け入れることです。

ただし、このリスク保有は「そのリスクの全体像をよくよく理解して、やれる対策はすべてやり尽くす。対策した上で、想定の最大の損失が発生しても自分でコントロールできるレベルであると確認できている」が前提になります。

発生頻度が低く損害が小さいリスクや、そのリスク対策のためのコストが損害額を上回る場合などに採用されるものです。

「まあ、その程度のことなら、起きてから考えましょう」という類のものですが、私の認識では「そのくらいのリスクなら発生していいよ。リスクを保有します」と判断したことはありません。裏を返すと必ず「回避」か「軽減」か「移転」をしています。そのおかげで、膨大な借金を負っている中でも、今のところは枕を高くして眠れるのかもしれません。

前述した『7つの習慣』に倣って言えば、私たちは、第1領域「緊急で重要」、第3領域「緊急で重要でない」をできるだけ避けるために、第2領域「緊急ではないが重要」のアクションとして、上記の「4つのリスク対策」を適宜選択し、また時には組み合わせながら実施しています。

リスクを回避する方策の1つとして、入居審査を綿密に行い、いくつかの質問をしてから判断することを「手間だな……」「保証会社の保証サービスを買えばよいのではないか」と感じる大家さん、管理会社さんは多いかもしれません。

ただ、保証会社の保証サービスがカバーする範囲は主に賃貸に関する金銭債務であって、ご入居者様に課せられたその他の契約上の債務（義務）をカバーするものではありません。私の過去の苦い経験から言えば、この辺りをよく理解しておくことは大切だと感じています。

しかし、（現金買い以外の）大多数の大家さんは、ちょっとやそっとでは返済できない規模の多額＆長期のローンという大きなリスクを負います。

リスクの把握と評価、そのリスクにどう対処していくのかは、賃貸経営において非常に大事な部分だと思っています。

３　大家も知っておきたい、入居者の保険（借家人賠償責任保険）

ご入居者様は「確実に、十分な」保険に入っているか？

建物全体に起きる火災などのリスク事象に対し、いくつかの保険（オーナーが入る保険）でカバーしている大家さんが大多数と思います。長期ローンの前提条件として火災保険の加入を義務づけることが一般的だったりします。

その一方、「入居者の保険（借家人賠償責任保険）部分はノータッチ」というのは……やや危ういと思っています。

保険が何らかの理由で付保されないまま、ご入居者様の過失で建物が燃えたが、失火責任法の免責により、自分や隣室の損害が保険でカバーされない事態になっては、泣くに泣けません。

失火責任法とは、失火による類焼で隣家に損害を与えてしまった場合でも、重過失が無い限り損害賠償責任を負わなくてもよいとする法律です。

火元となった場合には、賠償のための負担を負わなくて済みますが、逆に、隣家から火をもらってしまった場合には、賠償してもらうことができません。１８９９年に成立施行して以来、約１２０年間も一言一句変わっていない法律で、言わば日本の社会の常識でもあります。

通常の賃貸の実務では、管理会社が保険代理店となって加入手続をさせているかもしれませんが、大家は「テナントが一定額以上の保険金額、十分なカバー範囲の借家人賠償責任保険に入っているか?」「入居期間にちゃんと対応して借家人賠償責任保険の更新をしているか?」等、何らかの形で継続してウォッチをするべきと考えています。

【実際やってみた!】少額短期保険の代理店のハードルは低い

私は以前、広告の仕事で保険会社の担当として、生命保険や損害保険のセールスやマーケティングを支援する業務を行っていました。保険は「相互扶助」という考えの下でアクチュアリーという統計学、数学分野の専門家が「大数の法則」に基づいて商品設計を行う、高度で高額な金融商品です。

その「目に見えない高額な商品」をあらゆる営業手法を講じて営業マンが販売します。過去の業務を通じて保険に興味を持っていたので、自分が保険代理店になりました。少額短期保険(昔の共済)の代理店として、ご入居者様に確実に少額短期保険を付保しています。

少額短期保険の販売員の資格を得るためには、募集資格を取る必要がありますが、講習やテキスト、資格試験の受験料は無料ですし、試験もそれほど難しくありません。

実際に契約日に保険証券を作成も、パソコン入力も2~3分の極めて簡単なものですし、重要事項を説明して保険加入いただくのも簡単です。

この程度の手間でご入居者様がすべて借家人賠償責任保険に加入していることを把握できますので安心ですし、幾ばくかの手数料をいただけるので、豪華なランチ代になります。

終章　満室の先を目指す

1　大家さんはチームリーダー

実は勤め人の経験がそのまま役に立つ

大家さんは、いわば〝大家業チーム〟のチームリーダーです。管理会社・客付業者・融資担当者・工務店・リフォーム会社・清掃会社など様々なステークホルダーと協力しながら、全員が気持ちよく仕事してもらえるように、チーム全体をマネジメントしなければなりません。

これはサラリーマンでチームビルディングをしたり、社内外の人の協力を仰いだりして仕事を進めるといった能力が存分に発揮できる分野でもあります。多くの大家さんがおっしゃっていますが、サラリーマン時代の経験が不動産賃貸業で活かせることは多々あります。

また、サラリーマンでも業種・業態によって強みがあるはずです。

親しくさせていただいている大家さんには、メガバンクや有名な外資系金融機関出身の方もいますが、金融機関出身、特に融資担当や管理職層だった方ならば、上手な金融機関との付き合い方、資金調達において金融機関にウケがよい決算書の書き方などの知識や経験が豊富でしょう。

主婦こそ「女性目線」が武器に！

ホームセンターの従業員だった方なら最先端のＤＩＹ技術をご存知でしょうし、自分でもＤＩＹ

ができるかもしれません。それこそ工務店や建設会社に勤めている人なら、すぐにその能力が生かせるでしょう。

元税理士の方であれば、税務上合理的な物件取得、修繕、売却、消費税還付が実現できるでしょうし、ＩＴ関連にお勤めであれば、入居募集のためのホームページをつくったり、全部屋無料の全館インターネットサービスを廉価で導入する企画をしたり、監視カメラシステムの設計までご自分で廉価にできるかもしれません。

サラリーマンではなく主婦の方でも、その「女性目線」が大家さん業に活かせます。前述のとおりですが、「お部屋は女性が選ぶ」ものですから。

大家業を含めた建築・不動産産業は、きわめて裾野が広い、日本最大級の産業セクターであると思っています。そこには必ずみなさんが何らかの形で関わっているはずです。仕事を通じて培ったスキルを掘り下げてみれば、不動産賃貸業で活用できるものがいくらでも見つかることでしょう。

2　理想はＢＵＹ＆ＨＯＬＤできる物件を持つ

【事実①】よい物件を手放す投資家はいない

リーマンショックの後、東日本大震災の復興が進んできた、いわゆるアベノミクスの時代（２０１３〜２０１８年）くらいまでは金融機関の融資姿勢が積極的で、ごく普通のサラリーマンでも多額の融資を受けて収益物件を購入できました。

あまり意識されていませんが、「たくさんの人が買える」ということは、融資がじゃぶじゃぶだったことに加え「売る人がたくさんいた」わけです。そうなのです。


不動産投資家の先輩方から地主系の大家さんまで、あらゆる投資物件のオーナーの方々が、保有物件を売りまくったということです。それも、融資がじゃぶじゃぶですから、高値で売買されました。

先輩大家さんたちが自分の保有している物件をどんどん売っていったのを見ていたのですが、金融機関の融資姿勢がかなり積極的だったこと、これをチャンスとばかり投資物件を仲介する業者さんや、中にはサンタメ業者と呼ばれる転売コミッション＋仲介手数料を求める不動産会社が、新規サラリーマン投資家への強烈な営業をしかけました。

このアベノミクス特需は、アベノミクス以前から物件を保有していた多くの投資用不動産オーナーに多額のキャピタルゲインをもたらしました。中には売却益（キャピタルゲイン）で億単位のおカネを手にした投資家も多数いらっしゃいました。

【事実②】難あり物件から市場に出てくる

ここで注目しないといけないのは、先輩大家さんが売っていた物件は「保有しているもののうち、条件がよくないほうの物件」だったのです。

保有物件のうち、自宅から離れた管理の手間暇がかかる地方のもの・古いもの・間取りが市場に適合しないもの、駅から遠いなどのアクセスに難があるものから売りに出して売却していきました。

逆に、よい立地や新しい物件は売りに出していません。

当たり前の話ですが、売却を急がなければならないような特別な事情（事業の失敗で資金ニーズが出た。あるいは相続、離婚など）でもない限り、よい物件、即ち客付に不安がない立地で、きちんと収益が上がっている物件を売却する人など、いないのです。

普通に管理していれば安定したキャッシュフローを生み出す〝お宝〟を、売るような人はいないのです。

私も、自分の物件がどれくらいの売却価値になるのか調べたことはありましたが、一貫して「ＢＵＹ＆ＨＯＬＤ」（買って、持ち続ける）というスタンスをとっていました。

なぜかと言いますと、空室率も低く大きな修繕も発生せず、比較的安定したキャッシュフローを生み出す物件だったので、売る必要がなかったからです。

最終的には便利で好立地の物件を持つ

投資物件を含め、不動産の売り買いをした経験がある方ならよくおわかりでしょうが、不動産の売却・購入には思ったよりも長い時間がかかりますし、手数料や関連費用も高額です。

また、保有期間が5年以内の土地建物のキャピタルゲインに対しては、40％以上もの高率な課税がなされます（5年を超えれば22・1％）。

大規模な大家さんで買収&バリューアップ&満室、転売、というプロセスを組織的に推進している方や転売目的の業者さんでもない限り、数棟程度の保有物件を頻繁に売買するのは合理的ではありません。

普通の人が「大家さん人生ゲーム」を始める場合、最初から億万長者になれないように、いきなり最高の物件を買うのは難しいので、「あまり頭金を入れずに、地方で積算の出る大型物件をハイレバレッジ（高い融資率で）買う」といったスタートを切る人が多いのが実情です。

購入した物件をバリューアップしたり、入居率を上げて転売したり、売り手市場のときに高く売却してキャピタルゲインを得て徐々に自己資金・純資産を積み上げます。

そして最終的には「空室がほぼ出ない人気立地の築浅物件を、頭金を多めに入れてミドル〜ローレバレッジ（低い融資率）で買う」というのが理想形と考えています。

別の話として、自分がよく知っているエリアの物件を買うのはとても大切です。冒頭で記載した女優の樹木希林さんもそのような買い方をされています。

尊敬するある先輩大家さんは、「住所を聞いて、パッとGoogleのストリートビューが思い浮かぶ場所の物件しか買わない」と言っていました。

いずれは物件が欲しいと望む場所に住んでしまうのも一考かと思います。日々の暮らしの中で歩き回り、土地勘を磨くことをオススメします。

「不動産賃貸業の人生ゲーム」のように捉えてもよいかもしれません。

この不動産賃貸業の人生ゲームのゴールは、早いもの勝ちの要素があるタカラトミーの「人生ゲーム」とは異なります。それぞれのスピードで楽しむことができ、いろいろなゴールの形があるのです。

「不動産賃貸業の人生ゲーム」のゴールとは

先ほどちょっと述べた私の考える「不動産投資の理想形となるゴール」について、もう少し詳しくお話しします。

まず、長期間、苦労せずに大家業を続けられるような、ターゲット入居者のニーズに合致した土地を少しでも安く買います。東京都23区内ですと、賃貸物件の総事業費（土地、建物、諸経費合計）の半分以上～3分の2程度は土地代ですので、「利は元にあり」とばかりに、できるだけ賃貸人気の土地を1円でも安く買うことです。

「そんな理想的な土地はあるの？」と言われますが、「10年に一度の（貴重な）取引は、週に一度やってくる」（ロバート・キヨサキ氏の不動産投資の先生であるドルフ・デ・ルース博士）とも言われています。とにかく根気よく探し続けるのです。

その理想の土地に人気の建築デザイン&設備企画をした物件を建設し、保有します。そうすれば空室率は低く押さえられ、空室が出てもリーシングは容易です。

購入・取得の費用については、自己資金を多めに入れて、借金のレバレッジも〝ソフト〟にかけます。ローン返済期間を長めにとり、家賃収入とローン返済額の間に十分な余裕を設けます。

そうなれば、多少の空室損や家賃下落があっても、ストレスなく健全な大家業を続けられます。

さらに、安く土地を買って、魅力ある企画物件を建てた上で、付近の相場家賃と同等か、若干安く貸し出すのです。

そうすれば、空室率は低く、空いてもすぐに埋まります。大家さんであれば実感されると思いますが、そのような賃貸物件は、運営が非常に楽になります。

仮に次の世代に引き継ぐことになっても、次の世代の大家さんが運営しやすい大家ビジネスにしてあげるのです。それが私の考える「不動産賃貸業の人生ゲーム」の究極的なゴールの1つです。

大家業は何十年にも渡る息の長いビジネス

承継が見えているのなら、承継対策も大切です。「次の世代、その次の世代まで資産を残す」ために、不動産賃貸業というビジネスは超長期的な視点で準備をしておく必要があります。

興味深いタックスプランニングのやり方として税理士先生から伺った話では、不動産を保有する資産管理法人の株式の圧倒的多数割合を子どもなどの相続人名義にして設立し、ご自分はごくわずかの比率を保有します。

定款等で自らが保有する議決権を100倍とか1000倍とかに増やすことで、資産管理法人をご本人が実質的にコントロールしつつ、もしもの相続のときには相続税を発生させないようにする仕組みです。

議決権の圧倒的多数を保有していれば、本人が意に反して解任されることはありません。「自分は99％の議決権を持ち、相続人が企業の経済的持ち分の99％を保有する」ということです。非常に興味深いタックスプランニングだと思いました。

私の考えるゴールは「最初から一生売らなくてもいいような、よりよい立地の物件を安く買う」、そして「BUY＆HOLD（買って持ち続ける）」だと考えています。次世代に相続したいのであれば、それこそ孫子の代まで容易に運営できる物件を手に入れ、しっかり相続税対策するのです。

私は北海道から九州・沖縄まで様々な大家さんと接する機会がありますが、大家業は数年の商売ではありません。普通に10年、20年、場合によっては50年以上も続けることができる息の長い超長期的な商売です。

全国の有力大家さんは、皆さん超長期的な視野で、ありとあらゆる承継対策を考えておられるので感心します。規模の大きな資産家の方々は、美術館などを設立して財団法人化して資産を保有させ、相続税の発生を抑えるような仕組みを構築している方もおられます。

3　いつの時代でも求められる物件とはなにか？

変化できることが生き抜く強さに繋がる

私が自社物件に木造築を選んでいる理由について話をしましょう。ある先輩大家さんの持つ物件は築50年以上、約38平米で広さはかつて2Kだったそうです。

その後、リフォームしてお風呂を入れ替えたり、間取りを2Kから1LDKに変えたりして、時代に合った形にリノベーションした結果、いまだに13万円で貸し出せているそうです。

場所は世田谷区の某駅から徒歩6分なので立地がよいのも大きいですが、それでも築60年の木造アパートが1室10万円以上で貸せているのには驚きました。

ここで大事なことは「必ずニーズは変わっていくので、時代に合わせたコンバージョンをできるのが理想的」ということ。これは、その大家さんも仰っていました。

そういう意味では長期的な変化対応という観点でいうと、リフォーム、リノベーションのしやすさから考えて、RCよりも木造のほうが圧倒的に有利と言えるかもしれません。

私の物件は35〜75平米のテラスハウスですが、設計上の工夫により、簡単な工事でさらに2つの部屋を1つに接続できる仕様にしてあります。現時点では35〜75平米の1〜2名様物件（私たちは〝1・5名様向け物件〟と呼んでいます）で、「狭い」とクレームがくることはまずありませんが、あと10年、20年、それとも30年の間に驚くようなニーズの変化が訪れるかもしれません。

あらゆる可能性を考えて準備しておく、というスタンスが大事です。不動産において「立地がよければ、広さはすべてを癒す」と思っています。

広ければファミリーニーズ・SOHOニーズ・コロナ時代のテレワークニーズと、いろいろなニーズに応えられます。

「各部屋の管路」が非常に大事だと痛感した出来事

私は、三菱商事という総合商社に新卒で採用され、理工学部出身の技術寄りのビジネスプロデューサーとして10年くらいの間、国内外で電気通信ビジネスの事業企画や立ち上げをやっていました。ある電力会社と共同出資して新たに設立した光ファイバー通信会社の事業の立ち上げのため、その会社に数年間出向していた時期がありました。

当時に苦労したのが、「建物を縦横・上下に走る、長く細い管（くだ）である管路」の存在です。新たに光ファイバーを引き込むには、光ファイバーを建物外～共用設備～居室まで引き入れる長い〝管路〟が必要だったのです。

一般的に建物は、将来の何らかの線の引き込みのために、この管路を余分に用意していることはあまりありません。ですから、その新しい光ファイバー通信会社がサービス提供をするために、お客様に新たに管路を用意（新規に設置）してもらう必要があります。その工事が、実は非常に難しいのです。

通信の引き込み口から共用設備、そこから各居室の光ファイバーを終端させるところまで、長い管路を用意する必要がありますが、ＲＣ造にしても木造にしても、新規に管路を設置するのは大変な工事になります。それも、その管路は建物所有者の費用負担でつくる必要があります。

立派なビルや豪華マンションですら、時折、インターネットの接続スピードが意外と遅い物件がありますが、それは各居室まで通信速度を速い光ファイバーが導入できず、仕方なく各部屋まで配線済みの同軸ケーブルなどのメタルケーブルで実現するしかなかった、なんていう原因だったりします。

オートロック・インターフォンシステムを導入しようにもできないマンションが多いのは、同じように、この「各部屋への管路がない」のが原因だったりします。

その建物でオートロックシステムのニーズが高くても、莫大な管路構築費用がかかるので、やりたくてもやれないケースも多いと聞きます（今は無線で対応できる商品もあるようです）。

お客様はいなかったが、光ファイバーを居室まで導入してもらった

例えば、２０２０年以降、新型コロナウイルスの影響でテレワークが活発化し、自宅でオンラインミーティングをする機会が増えた人も大勢います。外出できないので、自宅でNetflixやアマゾン・プライムで映画を鑑賞する人もいるでしょう。オンラインゲームを楽しむ方も多いと聞きます。

そんな現代において、インターネットの速度が遅いとなれば、賃貸物件としては致命的です。

このように、私は光ファイバー通信事業者の営業で苦労した経験から、物件建設時は電気工事担当の業者さんに、各部屋へ空の管路を2本ずつ引き込んでもらいました。

もともと各部屋には電気、通信の引き込みやインターフォンの通信経路が必要です。それらの配管のすぐ横にもう2本管路を用意してもらっただけですから、追加の工事費は部材代程度とごくわずかです。

また、とあるご縁からＮＴＴ東日本との接点があったので、ご入居者様が入る前から同社の費用で光ファイバーの予備的な引き込みもしてもらっていました。その光ファイバーで1本の管路を使っています。

おかげでご入居者様は、ワンクリック、電話1本で光ファイバー通信の申込みができます。自分の部屋に光ファイバーが入線されていますから、大掛かりな工事もなくすぐに利用可能となっています。

加えて将来、何か管路を使う別のニーズがでるかもしれない、とあえて1つの管路は今も空けてあります。今後も同じように「ライフスタイルを変える新しい常識」が次々と生まれてくるかもしれません。

ちょっとした気づきで、大きな追加費用をかけずに、新しい時代のニーズにキャッチアップできる物件が望ましいですよね。

従来予測を、技術革新が超えていく

求められる設備や広さ、仕様は時代によって様々です。すぐに移り変わるものではありませんが、日本人は新しい物好き、新しい設備が好きなので、「次は何が流行るかな？」と考えながら準備をしておくことは非常に大切です。

このような未来の予測に少しでも挑戦し、打てる手を打つという工夫は短期の保有なら不必要でしょう。ただ、私は前述のとおり「ＢＵＹ＆ＨＯＬＤ」を基本戦略としているので、30年でも50年でも変化に対応できる物件をつくりたいと考えてきました。

賃貸物件でも将来的にはセコムやＡＬＳＯＫなどの機械警備が主流になるかもしれません。そんなときも空き管路が1本あれば対応は可能です。ただ今の時代、機械警備はWi-Fiで実現できたりします。

福岡に本社がある「プリンシプル」という会社のサービスでは、月額１５００円程度で、部屋に専用のタブレットを置き、玄関・窓・ドアにセンサーを付けて、入居者が意図せず開閉されると警告音が鳴り、登録した連絡先に警告メッセージが飛ばされる仕組みです。

警備員の駆けつけを依頼すると1回につき５０００円程度かかりますが、基本サービスだけなら月１５００円です。セコムが６０００〜７０００円もすることを考えると、かなりの破格の安さです。正に携帯電話の格安ＳＩＭのようなものでしょう。

プリンシプルさんによる革新的サービスにより、「機械警備のために部屋までケーブルを引き込む必要があるかな」と思った私の予想は残念ながら外れました。

ただ、このようないい意味での予測ハズレは大歓迎です。常に新しい、素晴らしいサービスが生まれる状況に大変な勇気をもらっています。

この物件の各部屋分用意したあと1系統の空き管路は、未来の新しいサービスのために取っておきます。きっとまたワクワクするような新サービスが発明されていくことでしょう。

4　誰にでも有産階級になるチャンスがある！

労働賃金のみでそこそこ豊かな老後を迎えることは、不可能

普通のサラリーマンが、お金持ちになれるチャンスもあるのが、不動産投資の魅力の1つです。

基本前提として、サラリーマンは「無産階級」――キャッシュフローを生み出す資産を持っておらず、労働賃金のみによって生活する方々です。

つまり、資本主義社会における賃金労働者階級を指します。それに対し雇用する側の資本家階級はブルジョワジーと呼ばれ、「生産設備などキャッシュフローを生み出す資産」を持っている「有産階級」と言えます。

この数年、年金の他に老後資金で2000万円が必要だと言われていますが、家族と旅行に行ったり、孫にプレゼントしたり、趣味に打ち込んだりしたければ、恐らく2000万円ではとても足りません。

「月30万円もあれば暮らせるでしょう」とも言われますが、仮に今、新車の車を乗り続けている男性が引退したその直後から、一切車を購入しない生活ができるでしょうか？　頻繁に化粧品を買っていた女性が急にそれをセーブしたりできるでしょうか？　もともと生活費を切り詰めて生きてきたのなら大丈夫ですが、急に生活レベルを下げるのは相当なストレスがかかります。

結局のところ、普通の年収のサラリーマンの収入で生計を立てつつ貯蓄し、定年退職後はそれを取り崩すだけで〝豊かな〟老後を送るのは、現代社会においてほぼ不可能です。

無産階級のサラリーマンが「キャッシュフローを生み出す資産」を手にすれば、「有産階級」になることができます。そして、現実的に手が届く「キャッシュフローを生み出す資産」が賃貸物件、というわけです。不動産投資を成功させることで、無産階級から有産階級へバージョンアップができるのです。

有産階級になれたら、お金持ちへの入り口に立つことができます。

どこまで「キャッシュフローを生み出す資産」を増やせるかは、資金力、物件の見極め力、パートナー、そして運などの要素にも左右されますが、不動産賃貸業は、やり方さえ間違えなければ比較的着実に拡大できます。

どこまで拡大するかについてですが、私の尊敬する不動産コンサルタントの方は「寿司屋のカウンターで値段を見ずに好きなだけ注文。近場の移動はタクシー。飛行機はビジネスクラス。好きなときに好きな場所に行けて、子どもたちの世話にならずに済むレベルで充分」と語っていました。

まさに「有産階級」の「豊かな老後」なイメージですね。

そもそも「お金持ち」ってどんな人なの？

ちょっと話は変わるのですが、「お金持ち」とはどんな方々でしょうか。

まず、お金持ちとは、現に今、銀行口座や金庫の中に十分な現金がある人、でしょう。これには異論はないと思います。

私の個人的な解釈では、継続的・安定的に入ってくるキャッシュフローがあり、かつそのキャッシュフローよりも小さな金額で日々の暮らしの支出を賄い、今この時点でも手持ちの現金がどんどん増えていく人が「お金持ち」だと認識しています。

さらに、バランスシートにおいて資産が債務を上回っている、資産超過の状態であることが大切だと思います。

「何をわかりきったことを！」と呆れられるかもしれませんが、（投資用でも自己利用でも）新築の区分マンションなどは、売買取引金額が資産評価額よりも割高なので、借金して買った瞬間に、債務がその資産価値を超えることが多いです。

つまりその不動産取引単体では、資産を債務が上回る取引なのです。このことがわからないで新築の区分マンションを買っている人も多いですが、恐ろしいことですよね。

不動産は金額が高いので、その1回の取引だけで、いわば債務超過状態に陥るケースも多いと聞きます。同様に、投資物件を割高な価格で買った場合、残債の金額では売れないことが多いです。

さらに「本当のお金持ち」とは、借金がゼロか、借金の総額を現金が上回っている〝実質無借金〟の状態だと思います。

六本木や３Ａ（赤坂・青山・麻布）の高層マンションに住んで、超高級スポーツカーに乗っている人すべてが「お金持ち」なのでしょうか？　たくさんのお金を遣っていますので、「お金遣い」であることがはたしかですね。

ただ、「『本当のお金持ち』ってなんだろう？」と考えると、「『お金遣い』は、果たして『お金持ち』なんだろうか？」と考えてしまいます。自分は色々なものに散財してしまって、まだ「本当のお金持ち」には至っていませんが、いつか早期に到達したいと思っています。

チャンスをつかむためには準備が必要

では、「キャッシュフローを生み出す資産」を手にして「有産階級」になり、お金持ちへの入り口に立つためにはどうしたらいいのでしょうか。不動産投資を始めたくても、現在は物件価格も高く、ローンを借りるのにも厳しい状況と言われています。

元三井住友銀行の支店長で、現不動産オーナー・学習院大学さくらアカデミー講師（執筆時点）の菅井敏之さんが仰っていたのですが、「サラリーマンは信用力があるので、きちんと頭金を貯め、必要な勉強をしていけば、不動産投資用のお金を借りられるはずだ」とのことです。

くわしくは『お金が貯まるのは、どっち!?』（アスコム）など、菅井さんの著作をご覧になっていただきたいのですが、不動産投資の利回りと、借入金利＋元金返済の差（イールドギャップ）で、キャッシュフローを生み出す資産を購入することが理論上可能です（もちろん、各金融機関の融資姿勢は異なり、同一行でも常に一定ではなく変化します）。

２０２1年現在、物件価格は高く、ウッドショックもあって建築費は高騰し、かぼちゃの馬車～スルガ銀行事案があり、サラリーマン向け融資は引き締まっていますが、この状況が永遠に続くわけではありません。商業銀行は基本的なビジネスモデルは、「おカネを貸して金利収入を得てナンボの商売」とも言えます。

いずれは銀行もお金を貸し出さないと収益が上がらないので、遅かれ早かれ融資が開くときがきます。

そのときに大事なのは学ぶこと。不動産物件を数多く見ることで養う目利き力、信用力の維持、つまりサラリーマンであれば会社に勤めて収入を得ていることです。

そして、サラリーマンであれば日々求められる、仕事のマネジメントスキル、リーダーシップ力を磨くべきです。

サラリーマンがゼロから家賃収入5億円までに昇りつめるのは、そうそう簡単なことではないかもしれませんが、家賃収入５０００万円、1億円を実現されている方はけっこういらっしゃいます。

次にいつチャンスが巡ってくるかはわかりません。その未来に向けて、不断の努力と実践で戦闘力を高めておくことが必要です。。

これから不動産投資を始めてみたいという方は、まず「学ぶこと」からその一歩を進めてみてはいかがでしょうか。

周到な準備をしてきた方こそが、チャンスを掴めると思います。

おわりに

「顧客接点」を大事に

本書を最後までお読みいただきまして、ありがとうございました。

私が他の不動産投資家と違っていることがあるとすれば、自社物件のマーケティング・リーシングを自ら行い、現地での内見対応を通じて５００人以上もの似た属性の入居希望者と直にやりとりを行ったこと……管理も自ら行い、契約書作成を含めた「契約管理業務」まで力を入れていること、つまり「顧客接点」のほとんどを自分の目で見て感じていること、ではないかと思います。

誰でも知っている有名な大家さんも、マーケティングやリーシングは意外となさらないですし、現地で継続的な内見対応をしたり、実際に契約の場で自ら契約書の説明をしたりする話はあまり聞いたことがありません。

マーケティングやリーシングの一環として、自分の物件マイソクを持って仲介業者さんに物件紹介をする、また物件清掃や建物設備管理の一部として、ＤＩＹをしている方はけっこうおられるのですが、「契約管理業務」の一環として契約書を自分で作成し、定期的に契約条項の見直しをしている方は、意外と少ないようです。

なんでも1回はやってみて「本質的には何なのか？」を知ろうとする

繰り返しになりますが、ご入居者様と大家の大切な約束事である契約書には魂を込めるべきです。少し前には一般的だった市販の「標準契約書」を締結するだけでは、とても十分とは思えません。入居希望者の申込みの審査も、普通の大家さんは直接行いませんし、契約時の契約書の説明やご入居者様とのコミュニケーション、そして退去立会いを行う方もそれほど多くありません。見込客（内見者）、自分の顧客（ご入居者様）を知ることはとても重要です。それなのに、プロにお任せの方が多いです。ちょっと億劫に感じられるからでしょう。

もちろん、いろいろな事情で物理的に時間を割けず、契約書の作成と見直しに必要なちょっと突っ込んだ知識の習得と理解は難しい場合もあるでしょう。ただ、「それらはとても大事なこと」「内容を理解せず、人任せではいけない」という意識を持つことが大事だとご理解いただきたいのです。なんでも1回はやってみて「本質的には何なのか？」を知ろうとすること。その意識さえあれば、専門家や先輩大家さんに質問し適切な行動をとれます。

大家さん業界のよいところは、成功した大家さんや経験豊富な大家さんは、惜しげもなくそのノウハウや経験を教えてくれることがほとんどです。ぜひとも全国の大家さん勉強会や飲み会などの会合に参加され、様々なコミュニケーションを図ってみてください。自分の疑問点や理想像を明確にして、相手の先輩大家さんに的確に質問できれば、本当に多くの価値あるアドバイスをくださるでしょう。

いまや支出の優先順位は「住・食・衣」

人間は生きていくうえで不動産との関わりを避けて通ることはできません。住居はもちろん職場や宿泊先、テナントに病院、果ては葬儀場や斎場など、私たちの人生は生まれてから死ぬまで不動産に囲まれています。

私は「住・食・衣」の順で優先順位が高いと思っています。人間は住むところがなければ健康も安全も保証されませんし、心地良くもありません。マズローの欲求5段階説の一番下は「生理的欲求」ですが、ここは「住」がなければ満たされません。

かつてバブルの時代は、「衣（服）」も「食（飲食）」も非常に高額でしたが、今では安く済ませられます。１００円あればマクドナルドのアツアツのハンバーガー、コンビニで美味しいおにぎりが買えます。単純にカロリーを充足するだけなら数百円で満たすことができるのです。

「衣」もユニクロを筆頭に、安くて高品質な衣服が手に入ります。

小話ですが、以前英国に住んでいた時には、「Tesco」や「Sainsbury's」などの一般的なスーパーでも、安くてデザインも格好良く、結構品質のよい衣服を買うことができ、比較すると英国ユニクロは割高だな、と感じたくらいです。なんと「ユニクロが高い！」とは……グローバル競争はすごいと感じたエピソードです。

このように「衣」も「食」も、グローバルな激しい競争によって、今や安価に済ませることも可能な時代になりました。

ただ、「住」だけは違うようです。厳しいグローバル競争に晒されにくく、変化はゆっくり。生活者は自分の収入の20〜35％程度にもなる家賃や住宅ローンを、かなり長い期間支払っていく心の準備があります。

変化がゆっくりで、グローバル競争に晒されにくく、そしてちゃんと永続的な商売になる、というのが大家業なのです。

「お掃除のオジサン」になれる幸せ

今まで私がやってきた仕事は、強力な競合代理店との競合プレゼンが続くブランド広告、ミリセカンドでデジタル広告取引が行われるインターネット広告、常にグローバルでダイナミックな競争に晒される商社の仕事でした。

いずれもワクワクして面白い仕事ではありましたが、そのような巨大な規模と超ハイスピードの仕事が長かったので、その対極にある、不動産賃貸業が、今は何とも心地よいのです。

大家さんの仕事は、人間らしいスピード変化の、手が届く範囲の仕事がほとんどです。とても「人間らしい」のです。

また、競合環境も緩やかです。これは大家業をやってみるとわかりますが、旧来の地主系の大家さんで、常に競争力を向上させるべく挑戦し続けている方は稀です。要するに、ライバルが強力すぎないのです。巨大資本が市場を席巻することもありません。製造業やその他サービス業とは競争環境が全く異なります。

つまり、大家さんとして本来やるべき仕事を愚直にやり続けるだけで、すぐに自分の限られた市場でトップランクにいくことも十分可能です。

精いっぱいよいお部屋を提供すれば、ご入居者様は収入の3分の1ものおカネを、何年もの間、毎月支払ってくれます。長期にわたる、きちんとした規模の仕事なのです。

勤め人を再び卒業した後は、私にとって大家業はライフワークになっていくと思います。

皆が喜びそうな土地を安く仕入れ工夫をこらし、将来まで見越して仕掛けを含めた企画で建物を建て、申込みがあれば、「この方にご入居いただくと、幸せに暮らしてもらえるだろうか？」と誠心誠意審査をしてご入居いただきます。毎週、草むしりと植栽の剪定、掃き掃除をするために物件へ通います。

酷暑の中、しっかり清掃した物件には、心地よい風が通り抜けます。お会いするご入居者様へ元気に挨拶すると、笑顔で応えていただけます。

物件でホウキを持って佇んでいる私は、もしかすると、赤塚不二夫先生の有名なギャグ漫画に出てくる「お掃除のオジサン」みたいだなと、ご入居者様に思われているかもしれません。私にとってとても幸せな瞬間です。

大家業と一口にいっても、商売の形は多彩で、大家さんの喜びも十人十色です。ぜひ、この幸せを本書の読者のみなさんにも味わっていただきたいと、切に願っております。

このような本を書く機会をいただきましたが､私は大家業界ではまだまだ駆け出しのレベルです。大家の仲間と助け合い、啓発いただきながら、もっともっと成長していきたいと思っています。ぜひ一緒にがんばりましょう。

最後になりましたが、本書を書くにあたり、お名前を挙げさせていただいた方々以外にも多くの先輩方に様々なアドバイスを賜りました。誠にありがとうございます。

また、ご縁をいただきました全国賃貸住宅新聞の永井さんには大変お世話になりました。この場を借りて深く御礼申し上げます。

編集協力をいただきました布施さんには、温かいご指導ご鞭撻を賜りました。心より感謝申し上げます。

2021年11月吉日

馬橋　令

著者略歴

馬橋　令（まばし　りょう）

兼業型の自主管理大家。東京都城南地区の“争続”物件や任意売却の物件を激安で購入。自らの建築企画で新築しリーシングや管理等を直接行う。現在の家賃収入は年間数千万円（返済比率は４割以下）。客付仲介業者へのセールス～内見対応～入居審査・契約～清掃・営繕～退去立会い等まで一貫徹底して行う「汗をかく」スタイルの大家。特に、客付仲介業者対応、定期借家契約の実務に精通し、200名超の全国の大家さん向けに「定期借家契約の実務と留意点」をテーマに講演を行う。

現在の早稲田大学理工学術院（AI・人工知能領域）を1992年に卒業。三菱商事、博報堂を経て38歳でFIRE(Financial Independence, Retire Early)してロンドン、パリ、ハワイ、福岡などに移住。現在は東京在住。博報堂時代２度のＨ社長賞とデジタル広告賞の受賞を通じて培った「売上増に直結するデータドリブンマーケティング」を大家業でも実践している。

FIREした後に勤め人に復帰。ベンチャー社長応援団として、国内外の上場・非上場企業数社の取締役や監査役を歴任。ITベンチャーの社外取締役として、東京証券取引所での上場セレモニーに参加する幸運にも恵まれた。

大手広告代理店マンがこっそり教える、驚異の満室マーケティング

2021年12月３日　初版発行　　2023年１月27日　第３刷発行

著　者　馬橋　令　

発行人　森　　忠順

発行所　株式会社 セルバ出版
〒113-0034
東京都文京区湯島１丁目12番６号 高関ビル５Ｂ
☎ 03（5812）1178　　FAX 03（5812）1188
http://www.seluba.co.jp/

発　売　株式会社 三省堂書店／創英社
〒101-0051
東京都千代田区神田神保町１丁目１番地
☎ 03（3291）2295　　FAX 03（3292）7687

印刷・製本　株式会社丸井工文社

Printed in JAPAN
ISBN978-4-86367-718-0